Beck'sche Reihe
BsR 803
Aktuelle Länderkunden

Obwohl viele Türken unter uns leben und die meisten ausländischen Touristen in der Türkei Deutsche sind, wissen wir wenig über die Geographie und Geschichte, Wirtschaft und Politik, Religion und Kultur der Türkei. In diesem Buch stellt uns ein Türke seine Heimat vor, weckt Verständnis für Land und Leute, diskutiert die Probleme seiner Landsleute daheim und in der Fremde und lädt uns mit Tips für Urlauber ein zu einem Besuch der Türkei.

Faruk Şen, geb. 1948, ist Wirtschafts- und Sozialwissenschaftler und lebt seit 1971 in der Bundesrepublik. Er studierte Betriebswirtschaftslehre an der Universität Münster und promovierte über die „Türkischen Arbeitnehmergesellschaften". Mehrjährige Erfahrung in der Ausländerforschung und in Türkeifragen, zahlreiche Veröffentlichungen auf diesen Gebieten. Tätigkeit an der Universität Duisburg und gleichzeitig Lehrbeauftragter an der Universität Bonn. Seit Oktober 1985 leitet er das „Zentrum für Türkeistudien" in Bonn bzw. Essen. Seit Juni 1990 ist er Professor an der GHS – Universität Essen.

FARUK ŞEN

Türkei

Land und Leute

Unter Mitarbeit von Kara Blume

3., überarbeitete Auflage

VERLAG C.H.BECK MÜNCHEN

Mit 2 Karten und 14 Abbildungen

CIP-Titelaufnahme der Deutschen Bibliothek

Şen, Faruk:
Türkei: Land u. Leute/Faruk Şen. Unter Mitarb. von Kara Blume. – München : Beck, 3., überarb. Aufl. 1991.
(Beck'sche Reihe ; Bd. 803 :
Aktuelle Länderkunden)
ISBN 3 406 35134 4
NE: GT

Originalausgabe
ISBN 3 406 35134 4

3., überarbeitete Auflage. 1991
Einbandentwurf von Uwe Göbel, München
Umschlagbild: Grünes Mausoleum, Bursa (Internationales Bildarchiv Horst von Irmer, München)

Gesamtherstellung: C. H. Beck'sche Buchdruckerei, Nördlingen
Printed in Germany

Inhalt

Aus dem Vorwort zur 1. Auflage

Die Türkei gewinnt für Westeuropa und insbesonders für die Bundesrepublik Deutschland wegen ihrer politischen und wirtschaftlichen Entwicklung immer mehr an Bedeutung.

Nach dem Niedergang des Osmanischen Reiches, das von 1299 bis 1922 in der Weltpolitik eine entscheidende Rolle gespielt hatte, orientierte sich die neugegründete türkische Republik im Jahr 1923 mit ihren Wertmustern und ihrer Politik an Europa. Aus dem stark islamisch geprägten Osmanischen Reich entwickelte sich ein laizistischer Staat, dessen Identitätskrisen besonders in den letzten Jahren einen außergewöhnlichen Stellenwert auch für Westeuropa haben.

Die Türkei hat von Anfang an engere Beziehungen zur Bundesrepublik Deutschland unterhalten. Zahlreiche führende Politiker der Türkei haben in Deutschland studiert. Bei den türkischen Exporten und Importen nimmt Deutschland seit Jahren den ersten Platz ein. Hinzu kommt, daß nach dem Assoziationsabkommen von 1963 die türkischen Arbeitnehmer ab 1986 innerhalb der Europäischen Gemeinschaft die Freizügigkeit erhalten sollen. Diese Entwicklung ist insofern von Bedeutung, als aufgrund dieser Freizügigkeit eventuell erneut eine bestimmte Anzahl von Türken aus der Türkei zur Arbeitssuche nach Deutschland kommen könnten.

Seit der Wanderung der ersten türkischen Arbeitnehmer ab 1961 aus der Türkei in die Bundesrepublik Deutschland ist die türkische Wohnbevölkerung in Deutschland im Jahr 1984 auf 1,552 Millionen Menschen gestiegen. Heute stellen die Türken in Deutschland die zweitstärkste Wohnbevölkerung nach den Deutschen selbst dar.

Für Lehrer, Sozialarbeiter, Gewerkschaftler, auch für Politiker und Kommunalbehörden ist das Hintergrundwissen über das Herkunftsland der türkischen Wohnbevölkerung unerläßlich geworden.

In vielen deutschen Universitäten wurden Lehrstühle für Ausländerpolitik eingerichtet, um besonders für die zweite Ausländergeneration türkischer Jugendlicher Lehrer auszubilden. Studienreisen in die Türkei, Fortbildungsseminare für Berufsberater, Ausbilder und Polizeibeamte sowie Sprachkurse in Türkisch gehören inzwischen zum Programm der Volkshochschulen.

Innerhalb des türkischen Tourismus, der eine positive Entwicklung zeigt, nehmen die deutschen Touristen, die das Land auch aus beruflichem Interesse besuchen, den ersten Platz ein.

Wenn man davon ausgeht, daß mindestens 40% der Türken, die zur Zeit in Deutschland leben, nicht wieder in ihr Heimatland zurückkehren wollen, so ist dieses Land für viele Türken gewissermaßen ein Einwanderungsland geworden.

Über die Türkei, die Mitglied der NATO und zukünftiges Mitglied der Europäischen Gemeinschaft ist, ein Land, in dem die Demokratie fast regelmäßig alle zehn Jahre von einem Militärputsch unterbrochen wird, versucht dies Buch die wichtigsten Informationen zu vermitteln. Dabei wurden besonders die Zukunftschancen der türkischen Wirtschaft und Demokratie sowie die Rückkehr- und Verbleibabsichten der türkischen Wohnbevölkerung berücksichtigt.

Essen, im April 1984

Vorwort zur 3. Auflage

Die Überarbeitung des Textes betrifft vor allem die Entwicklung der türkischen Wirtschaft und Politik bis Anfang der neunziger Jahre sowie die aktuellen Fragen der Integration der türkischen Arbeiter in die Bundesrepublik und der Türkei in die Europäische Gemeinschaft. Ergänzt wurde ein Abschnitt über „Tourismus und Ökologie“, ferner wurden die Literaturhinweise auf den neuesten Stand gebracht.

Bonn, im Januar 1991

I. Die Geographie der Türkei

Die kleinasiatische Halbinsel, westlichster Punkt des asiatischen Kontinents, zwischen Schwarzem Meer, Marmarameer, Ägäis und Mittelmeer gelegen, gehört in ihrer Gesamtheit zum Staatsgebilde der am 29. Oktober 1923 proklamierten Türkischen Republik. Von den knapp 780000 qkm Fläche erstrecken sich nur ungefähr 27000 qkm auf einen kleinen Teil des östlichen Thrakiens, der hauptsächlich dadurch an Bedeutung gewinnt, daß er Istanbul beherbergt, die einzige Stadt der Welt auf zwei Kontinenten, das Tor zu Kleinasien oder besser zu Anatolien. So liegt die Türkei zu 3 Prozent in Europa und zu 97 Prozent in Asien, im Schnittpunkt dreier Kontinente: Europa, Asien und Afrika. Sie hat Grenzen mit Iran, Irak, Syrien, Zypern, Griechenland (Ägäis und Thrakien), Bulgarien und Rumänien (ausschließlich Meeresgrenze) und mit über 1000 km die längste Grenze überhaupt mit der UdSSR im Norden und Osten, zu Wasser und zu Land, was von nicht geringer Bedeutung für die Mitgliedschaft in der NATO ist. Ihr Staatsgebiet ist mehr als dreimal so groß wie das Gebiet der Bundesrepublik Deutschland und hat nach der Volkszählung von 1985 fast 51,5 Millionen Einwohner bei einer Wachstumsrate von 2,8 Prozent jährlich. 1965 waren es noch 31 Millionen. 1990 hat sich diese Zahl auf 57 Millionen erhöht. Für das Jahr 2000 sind 68 Millionen Einwohner prognostiziert. Davon leben wegen der seit Jahrzehnten anhaltenden Landflucht keine 50 Prozent mehr auf dem Land, mehr als die Hälfte der Bevölkerung lebt in den Großstädten.

Wie die Türkei von ihrer Größe und Lage her fast wie ein unbegrenztes Land wirkt, so birgt sie auch unter dem Aspekt des Klimas zahlreiche Landschaften: Regionen mit gemäßigter Temperatur, Mittelmeerlandschaften, Steppenlandschaften Asiens und alpidische Gebirgslandschaften. Die Verschiedenheit der geographischen Landschaften und dadurch der Klimate unterstreicht noch die Unterschiede zwischen den einzelnen natürlichen Regionen des Landes. Die Oberfläche des Landes ist relativ klar gezeichnet. Der europäische Teil im äußersten Westen der Türkei wird von der thrakischen Hochebene gebildet. Die ägäische Zone im Westen besteht aus einem Zusammenspiel von vorgebirgischen Massiven und Tälern. Beherrschend für das Gesamtbild sind die beiden Randgebirgsketten, der Pontus im Norden und der Taurus im Süden, die sich zueinander und zu den Küsten fast parallel verlaufend im Osten treffen und das zerklüftete Hochland von Ostanatolien bilden. Sie umschließen die inneranatolische Hochebene, ein Gebiet von Plateaus.

Obgleich man die Türkei als ein Land ansehen könnte, in dem sich die Natur den Eingriffen des Menschen widersetzt, so gehört sie doch, nicht zuletzt wegen ihrer Lage zwischen Europa und Asien, zu den Orten der Welt, wo sich die Geschichte der Menschheit besonders entwickelt und manifestiert hat, sowohl durch den Einfluß großer Weltreiche als auch durch den der Völkerwanderungen. Heute, mit moslemischer Bevölkerung asiatischen Ursprungs, aber entschlossen dem Westen zugewandt, hat Anatolien sumerische, hethitische, griechische, römische, byzantinische und letztlich osmanische Kulturen erlebt, wobei einige von ihnen, später dann das Christentum und der Islam, ihre bedeutendsten Zentren auf diesem Boden errichteten.

1. Die Marmara-Region

Diese Zone bildet den Übergang zwischen der pontischen Schwarzmeerregion, die erst an dritter Stelle beschrieben werden soll, und der ägäischen. In Verlängerung des nördlichen Pontus liegt sie zu beiden Seiten des Marmarameeres. Die thrakische Hochebene, in welcher der einzig wichtige Fluß, der Meriç, die Grenze zu Griechenland bildet, liegt in Europa. Im Nordwesten der anatolischen Halbinsel verläuft eine nur mäßig hohe Gebirgskette, die sich mit Einbruchsgräben, in denen Flüsse zum Meer hin

Abb. 1: Istanbul, im Altertum Byzanz, im Mittelalter Konstantinopel genannt, liegt als einzige Stadt der Welt auf zwei Kontinenten. Es erhebt sich an den Ufern des Goldenen Horns und zu beiden Seiten des Bosporus, jener Wasserstraße, die Europa und Asien trennt und das Schwarze Meer mit dem Marmarameer verbindet.

verlaufen, später der Ägäis öffnet. Einige Gipfel, wie der Ulu Dağ, erheben sich zu einer Höhe von 2543 m. Zwischen den Bergen liegen drei Seen, der Iznik Gölü, Ulubat Gölü und der Kuş Gölü (gől heißt See).

Die Dardanellen und der Bosporus sind alte, durch das Meer ausgeweitete Flüsse von ungefähr 50 m Tiefe. Ihre Oberflächenströmung trägt vom Schwarzen Meer Süßwasser ins Mittelmeer, während eine tiefere Strömung in entgegengesetzter Richtung Salzwasser zurückträgt. Die Dardanellen haben eine Länge von ca. 60 km und eine Breite von 1270 m, bei Çanakkale bis zu ca. 4 km, und werden von einer Reihe gleichförmiger Gipfel gesäumt. Die beiden wichtigen Häfen sind Çanakkale in Asien und Gelibolu (Gallipoli) auf der europäischen Seite. Der stärker strömende Bosporus ist 26 km lang und von 666 m, zwischen den mittelalterlichen Burgen Rumeli Hisari in Europa und Anadolu Hisari, bis zu 1500 m breit. Die 1972 errichtete Europabrücke, in der Nähe des Stadtkerns, spannt sich zwischen Ortaköy und Beylerbeyi über den Bosporus. Mit dem Bau einer zweiten Brücke über den Bosporus zwischen Kanlıca und Istinye wurde 1985 begonnen. Die etwas flacheren Ufer des Bosporus sind mit reicher Vegetation bedeckt. Die Existenz eines tiefen Golfes an seinem Ende, dem Goldenen Horn, hat die Errichtung einer Stadt auf dieser Halbinsel zwischen dem Goldenen Horn und dem Marmarameer begünstigt. An dieser Stelle wurde Byzanz, das spätere Konstantinopel und heutige Istanbul, gegründet.

Die Marmara-Region hat die höchste Industrialisierungsquote des Landes, obwohl in Thrakien nur ein kleiner Teil des Braunkohlevorkommens abgebaut wird. Das Braun- und Steinkohlevorkommen liegt in zu 50 bis 70 Prozent genutztem Kulturland, in dem Weizen, Gerste, Mais und Sonnenblumen angebaut werden. An Industrie gibt es, insbesondere in Thrakien, Keramik, Ziegeleien, Glas, Papier, Seide, Nahrungsmittel, ein Wärmekraftwerk und ein Stahlwerk in Istanbul, eine Ölraffinerie in Izmir, um nur einiges zu nennen. An der Südwestküste des Marmarameeres wächst Tabak. In Bursa ist die Automobil-Industrie angesiedelt.

2. Die ägäische Region

Das Zusammenlaufen der Pontischen Gebirgsfalten mit den Ägäischen und Taurischen gibt dieser Region ein geographisch unübersichtliches Bild, und die jüngsten Erdbewegungen haben ein Zusätzliches dazu getan. Der Anstieg des mittelländischen Meeresspiegels hat das Wasser tiefliegende Landschaften überfluten lassen, wo es jetzt eine enorme Anzahl von Inseln, Meerbusen und Vorgebirgen gibt. Im Norden und Mittelpunkt der Region ziehen sich Einbruchsgräben von Ost nach West durch mittelhohe alte Massive, wie den Großen und den Kleinen Menderes und den Gediz. Die Küste ist extrem eingeschnitten, wobei ihre Relieflinien den vorliegenden Inseln entsprechen und die Einbruchsgräben zu

Abb. 2: Festung und Hafen von Bodrum, einem bekannten Badeort an der Südwestküste.

Buchten führen, wie die von Ayvalik und Izmir. Die Ablagerungen einiger Flüsse haben deren Mündungen in den Jahrhunderten so versandet, daß früher bedeutende Hafenstädte, wie Milet und Efes, heute im Landesinnern, mehrere Kilometer von der Küste entfernt, liegen und ohne Hafen ihre Bedeutung als Handelsstädte verloren haben. Im Süden der Region verläuft zwischen dem Meander und der Küste ein unzugängliches Massiv, während die Küste durch viele kleine, zu Griechenland gehörende Inseln sowie Halbinseln, deren bekannteste Bodrum ist, aufgelockert wird.

Mit großen Gebieten von über 70 Prozent genutztem Kulturland, auf dem außer Weizen noch Gerste, Mais, Baumwolle, Zitrusfrüchte, Tabak und anderes angebaut werden, gehört diese Region zu den sog. Intensivgebieten des Landes. Es gibt Mangan-,

Blei- und Quecksilbervorkommen, ebenso Braunkohle. Um Izmir liegt ein echtes Industriegebiet mit Leder, Papier und Baumwolle verarbeitenden Fabriken, Ziegeleien, Nahrungsmittel- und Kunstdüngerherstellung. Sowohl eigenes als auch dänisches Bier, in Lizenz, wird in dieser Gegend gebraut. Nördlich von Izmir gibt es Bergbau und ein Wärmekraftwerk, im Süden liegen Zementfabriken und Wärmekraftwerke.

3. Die Schwarzmeer-Region

Diese Region im Norden wird im wesentlichen von der Pontischen Gebirgskette gebildet, die eng an der Küste verläuft, von 600 m Höhe im Westen bis zu 2350 m bei Kızıl Irmak progressiv aufsteigt und im vulkanischen alpidischen Gebirge des Ostens 3500 m Höhe erreicht. Eine Geographie der Türkei müßte eigentlich hier beginnen. Da dieses Gebiet bei der Industrialisierung des Landes aber an dritter Stelle steht, wird es auch hier als dritte Region genannt. Die Pontischen Gebirgsketten haben eine Breite bis zu 100 km und erstrecken sich entlang der gesamten Schwarzmeerküste, was trotz zahlreicher Täler die Kommunikation der Menschen in diesem Gebiet beträchtlich einschränkt, wenn nicht unmöglich macht. Denn die Flüsse wie der Sakarya, der Kızıl Irmak und der Yeşil Irmak durchqueren das Gebirgsmassiv zwar in Richtung Norden zum Meer hin durch tiefe Schluchten, sind aber nicht befahrbar und bringen aktive Erosionen mit sich. Hinzu kommen westöstlich verlaufende Senken, zum Teil bis zu 200 km Länge, in dem gesamten Gebiet vom Golf von Izmit bis zur russischen Grenze. Die Küste bietet nur wenige Buchten, jedoch viele direkt ins Meer abfallende Steilhänge, die keinen Schutz vor den Nordwinden bieten und keine natürlichen Hafenplätze bilden können.

Dennoch ist diese Region nicht so unwirtlich, wie es klingt. Laub- und Mischwälder verschönern das Bild dieser Gebirgslandschaft. Der Pontische Saum, von der bulgarischen bis zur türkisch-russischen Grenze, hat allerdings weniger als 20 Prozent kultiviertes Land. Hier werden Mais, Gerste, Weizen und besonders Haselnüsse als Exportartikel angebaut, Rinder-, Ziegen- und Schafzucht betrieben. Nur wenige Gebiete unmittelbar an der Küste, nach Osten hin zunehmend, von Ayancık bis Hopa fast lückenlos, gehören mit ihren Tee-, Zitrus-, Tabak- und Haselnußplantagen – 50 Prozent des Landes sind bebaut – zu den landwirtschaftlichen Intensivgebieten der Türkei, die einen hohen Anteil an der Marktproduktion haben. Trotz dieser ungünstig erscheinenden Lage liegt die Schwarzmeerregion an dritter Stelle der Industrialisierung; denn hier befindet sich das Kohlerevier der Türkei, östlich von Zonguldak. In Zonguldak wird Kohle abgebaut; Manganvorkommen, Kupfer, Wärmekraftwerke, Wasserkraftwerke und ein Stahlwerk vervollständigen das industrielle Angebot. Leder- und Hanfverarbeitung sowie Chrom und weitere Bodenschätze findet man von Kastamonu bis hin zu den Teekulturen von Rize.

4. Die Mittelmeer-Region

Das Gegenstück zum Pontus ist der Taurus, der ähnlich wie die Gebirgskette im Norden das Landesinnere im Süden vom Meer trennt. Auch er ist eine nur schwer und an einigen Stellen unüberwindbare Gebirgskette, während der alpinen Gebirgsbildung gefaltet und im Tertiär hochgehoben. Taurus und Antitaurus verlaufen hingegen als Randgebirge der Küste entlang, was im Gegensatz zum Schwarzen Meer dem Mittelmeer viele lange Sandstrände beschert hat und eine an Vegetation reiche Küstenlandschaft. Im Westen der Region formt das Gebirge allerdings einen Bogen zum Meer hin, wo die mehr als 3000 m hohen Gipfel steil zur Küste abfallen, die zwar geschützte Buchten aufweist, aber ohne jede Verbindung zum Landesinneren. Es entfernt sich in Richtung Osten weiter vom Meer und isoliert dort die Region von Burdur und Isparta, die nur durch einen einzigen Paß vom Meer aus zugänglich ist. Der Hauptstadt dieser natürlich terrassierten, warmen, feuchten und deshalb fruchtbaren Ebene zwischen Taurus

Abb. 3: Strand von Antalya. Die Hafenstadt an der türkischen Riviera mit ihren von Palmen und Orangenbäumen gesäumten Straßen erhebt sich auf einem zum Meer hin steil abfallenden Felsplateau.

und Mittelmeer ist Antalya, eine Stadt mit einem malerischen Hafen. Weiter zum Osten hin beginnt der Zentraltaurus mit dem kilikischen Hochplateau, das bis zu 2000 m Höhe ansteigt; er setzt sich im nördlichen Taurus sowie im südlichen in zwei parallelen Gebirgsketten in südwestlich-nordöstlicher Richtung fort. Die nördliche Kette mit bis zu 4000 m hohen Gipfeln verläuft als hin und wieder unterbrochene Reihe bis nach Kappadokien; die südliche ist wenig niedriger und durch von Flüssen gegrabene Schluchten gekennzeichnet. Einer dieser Flüsse hat die bekannte kilikische Pforte, den Kilek Boğazi, gebildet. Zwischen beiden Gebirgsketten dehnt sich ein längs verlaufendes Tal aus, das die Passage durch den Taurus erleichtert. Der von Alanya bis Silifke felsigen und zum größten Teil steilen Küste folgt die reiche Schwemmlandebene von Kilikien, die sich entlang der Küste bis zum Becken von Iskenderun ausdehnt. Die Hafenstadt im äußersten Südzipfel der

Türkei liegt wiederum im Süden einer weiten Bucht, dem Golf von Iskenderun. Hatay, die Umgebung der Stadt, ist eine vom Syrischen Vorgebirge begrenzte Ebene. Die Ausläufer dieses Vorgebirges enden im Bassin von Antakya.

Der östliche oder Antitaurus schließlich verläuft westöstlich und ist von geringerer Höhe, bildet aber ein äußerst unzugängliches Gebiet, das langsam nach Osten hin ansteigt und sich mit den Gebirgsketten der östlichen Türkei verbindet. Bei einer Ausdehnung von bis zu 100 km in der Breite durchschneiden ihn Gräben und wilde Täler, die von gewaltigen Wasserläufen wie dem Seyhan und Ceyhan durchquert werden. Diese beiden Flüsse bilden auch die erwähnte Schwemmlandschaft im Osten der Mittelmeer-Region. Die Städte Adana und Iskenderun sowie das Gebiet bis hinauf nach Maraş liegen in einer Landschaft, die bis zu 70 Prozent kultiviert ist. Hier entsteht ein hoher Anteil der Marktproduktion an Weizen, Gerste, Wein, Oliven, Feigen und Pistazien sowie Tomaten und Zitrusfrüchten. Baumwolle, Tabak und Reis werden in diesem als Obstgarten der Türkei bezeichneten Gebiet ebenso kultiviert. In geringerem Umfang und auf bedeutend kleinerem Gelände wird ähnliches um die Hafenstadt Antalya angebaut.

Der Bodenkultivierung in der Mittelmeer-Region entspricht die Industrialisierung. Nahrungsmittelherstellung und baumwollverarbeitende Textilfabriken beherrschen das industrielle Bild; hinzu kommen Ziegeleien, Rosenölherstellung, eine Eisenhütte in Antalya und eine Ölraffinerie in Mersin. Zwischen Antalya und Maraş befinden sich Chrom-, Eisen- und Manganvorkommen. Der Fischfang an der Mittelmeerküste ist ebenso bedeutend wie an der Schwarzmeerküste.

5. Mittelanatolien

Umgeben von den Gebirgen der Küstenregionen und durch sie gebildet liegen die inneranatolischen Hochebenen, kein durchgehendes Plateau, sondern drei geographisch verschiedene Ebenen, von denen aber keine 800 m Höhe unterschreitet: ein flaches Hochplateau von 800 m bis 1500 m Höhe mit mehr oder weniger tiefen Tälern; Bassins in flacher Ebene, 100 m bis 300 m tief, oft mit Seen wie z. B. dem Tuz-Gölü, einem Salzsee ohne Flußablauf; über 2000 m hohe Gebirgsmassive von geringer Ausprägung und leichtem Relief, die sich nur wenig anheben, wie der Emir Dăg und der Türkmen Dăg, und vulkanische Berge wie der Erciyes Dăg mit Gipfeln von über 3900 m Höhe. Die regressive Erosion der zur Ägäis verlaufenden Flüsse bringt ein stärkeres Landschaftsrelief im westlichen Inneranatolien hervor; der Süden ist durch 2600 m hohe Berge gekennzeichnet, in deren zahlreichen Tälern sich strömungslose Seen gebildet haben, bei Burdur, Eğridir und Beyşehir. Wo sich das gesamte Relief zum Osten hin erhebt, liegt Kappadokien, eine Landschaft mit Bergkegeln von mehr als 2000 m Höhe, die von weiten Tafeln und größeren Tälern als z. B. das des Kizil Irmak abgelöst werden. Das östliche Kappadokien ist eine 1300 m hoch liegende Steppentafel, die sich in die Gebirgswelt der östlichen Türkei einschmiegt, während mehr zum Süden hin der Vulkanismus seine deutlichen Spuren im Tuffgestein hinterlassen hat. Die bekanntesten Orte dieser einmaligen Landschaft sind Göreme und Urgüp im Bezirk Kayseri. Das Zentrum Inneranatoliens hat keine Flüsse und ist das trockenste und kargste Gebiet Gesamtanatoliens, in dem die der Sonne am nächsten gelegenen Erdschichten mit Salz überzogen sind. Der Tuz-Gölü zwischen Ankara und Sultanhan hat ungefähr die Größe des Bodensees und ist salziger als das Tote Meer.

Während in den vorher genannten Regionen große Gebiete produktiven Waldes liegen, ist Wald im Landesinneren nur sehr selten, und zwar im Westen und Osten Mittelanatoliens, zu finden, in Süd- und Ostanatolien gibt es nur noch spärlichen Wald. In den Randgebieten Inneranatoliens kann das Land nur äußerst wenig produktiv – unter 20 Prozent – genutzt werden. Hier werden in erster Linie Gerste und dann Weizen sowie winterharte Obstkulturen, Äpfel, Wein und Pfirsiche, angebaut. Die Ebenen und Plateaus in dieser Region gehören allerdings zu den 50 bis 70 Prozent

Abb. 4: Das Göreme-Tal in Kappadokien.

marktorientiert kultivierten Landschaften, wobei dies besonders für Weizen und Gerste zutrifft, bei deren Anbau ein hoher Grad von Mechanisierung erreicht ist. Die in der Türkei überall verbreitete Schafzucht wird hier marktorientiert betrieben, ebenso die Angora-Ziegenzucht. Durch die Industrien in Eskişehir, Ankara, Kayseri, Konya, Afyon und anderen Städten, in denen es Automobilherstellung, Traktorenbau sowie Ziegeleien, Brauereien, Reparaturbetriebe, Nahrungsmittelherstellung, Flugzeugbau und anderes gibt, hat diese Region trotz ihrer geographischen Gegebenheiten noch einen relativ hohen Anteil an der Industrie des Landes.

6. Ostanatolien

Die geographische Struktur sowohl dieser als auch der letzten, südostanatolischen Region ist komplex. Der Pontus und die Tauruskettten treffen sich hier, um nur noch ein einziges Gebirgsmassiv zu bilden. Das Innere dieses Massivs umfaßt die ostanatolische Region und wird von parallelen Bergketten gebildet. Diese sind der Dersim und der Kuzu Daği, die zwei Flußbassins voneinander trennen. Die Hochplateaus von Bingöl und Tekman, 2400 m und 2200 m hoch, ebenso wie der Nemrud Daği, Süphan, 4434 m, und Ağri Daği, 5165 m, über den zwei Landesgrenzen verlaufen, der aber selbst zur Türkei gehört, und die Bassins und Hochebenen zwischen Erzurum und Muş wurden bei der alpidischen Gebirgsbildung durch gewaltige Erdstöße aufgeworfen. Die Ebenen, die sich weiter südlich bei Harput, Beyazit und am Van-See, der dreimal so groß wie der Bodensee ist, ausdehnen, liegen weniger hoch, dafür sind sie beträchtlich weiter und größer. Der Van, ein Salzsee vulkanischen Ursprungs, ist ein tiefes Bassin ohne Wasserabfluß.

Abb. 5: Die Ruine des Ishak Paşa Palastes mit der gleichnamigen Moschee aus dem 17. Jahrhundert. Sie liegt nur wenige Kilometer oberhalb der sich vor dem gewaltigen Südmassiv des Ağri Daği erstreckenden kleinen türkischen Grenzstadt Doğubeyazit, 99 km östlich von Ağri.

In den Beckenebenen von Erzurum, Erzincan, Ağrı, Kars, Iğdır, Muş, Elaziğ und Malatya werden Weizen, Gerste und Zuckerrüben angebaut. Im Umkreis der Orte findet ein vielfältiger Anbau von Obst und Gemüse statt, der zum Teil nur durch Bewässerung möglich ist. Dies macht allerdings nur ein äußerst kleines Gebiet der Türkei aus. Die landwirtschaftliche Nutzung bringt wie fast überall im Land auch Nahrungsmittel-, Textil-, Leder- und andere Industrie mit sich. Sie ist allerdings nur auf die genannten Orte und deren engste Umgebung beschränkt.

7. *Südostanatolien*

Der östliche Taurus besteht aus einem nach Westen geschlossenen Massiv, das sich nach Osten erweitert und gleichzeitig an Höhe zunimmt, wobei die Höhenunterschiede zwischen Gipfeln und Ebenen wie das Obere Mesopotamien bei Diyarbakir, Mardin und Urfa durch aktive Erosion und starke natürliche Klüftung bis zu 3000 m betragen. Auch der Firat-Euphrat hat tiefe Schluchten in das Gebirgsmassiv gegraben, und in unruhigem Lauf hat sich das Wasser einen Weg zwischen den zahlreichen Senken gebahnt.

Trotz oder wegen des Flusses ist ein relativ großes Gebiet dieser Region bis zu 20 Prozent kultiviert, mit Weizen-, Gerste-, Wein-, Oliven- und Pistazienanbau. Der Anteil an der Produktion für den Markt ist nur gering. Östlich vom Euphratgebiet schließen sich bis Mardin Hochplateaus an, auf denen das Land 50 bis 70 Prozent kultiviert ist; der Anbau von Weizen und Gerste bestreitet einen hohen Anteil an der Marktproduktion. Vom übrigen Teil dieser Region werden, bis auf das Gebiet um Diyarbakir, das vergleichbar mit dem letztgenannten ist, nur 10 bis 20 Prozent kultiviert, mit sommerlicher Bergweidewirtschaft und höchstens kleinen Gärten – der Hochgebirgslandschaft entsprechend.

8. *Das Klima*

Jede der sieben natürlichen Regionen der Türkei hat ihr eigenes Klima. Aber in der Gesamtheit kann man vier verschiedene Klimate unterscheiden: das Ägäis- und mediterrane Klima, das Schwarzmeer-Klima, das Kontinental- und Steppenklima des Landesinneren und das Gebirgsklima der östlichen Bergwelt.

Mittelmeerklima herrscht an sämtlichen Küsten der kleinasiatischen Halbinsel. Die Sommer sind warm bis heiß (Izmir 28 °C im Juli, weiter im Süden bis zu 40 °C), die Winter sind mild (Izmir 9 °C Durchschnittstemperatur im Januar). Im Westen der Mittelmeer-Region sind sie jedoch feucht und kühl und nicht so angenehm. Die sommerliche Badesaison an der Ägäis dauert von April bis Ende Oktober. Hier wie im Schwarzmeergebiet hindern die Berge das Eindringen des für die Landwirtschaft so günstigen Klimas ins Landesinnere. So sind die Ägäis-Region, in der die Berge noch keine unüberwindbare Schranke parallel zur Küste bilden, und der Westen der Mittelmeer-Region mit dem breiten Küstenstreifen zwischen Taurus und Inneranatolien die fruchtbarsten Landschaften der Türkei, ein verhältnismäßig geringer Teil für das große Land.

Das Schwarzmeerklima unterscheidet sich vom Mittelmeerklima vor allem durch größere Ausgeglichenheit (Samsun 7 °C im Januar, 21 °C im Juli) und höhere Niederschläge im gesamten Jahr. Die Winter hier sind zwar nicht eisig, aber kühl und feucht bis kalt. Immerhin erlaubt das Klima, in Rize in großem Umfang Tee anzubauen, obwohl hier das niederschlagsreichste Gebiet der Türkei ist. Eine wichtige Rolle spielt wieder das Gebirge; es bewirkt, daß sich die von Nordwinden gebrachte Meeresfeuchtigkeit an der Küste abregnet. Diese Niederschläge machen aus dem Osten der Region die waldreichste des Landes. Zwischen 900 und 1300 m Höhe wächst der berühmte Pontische Mischwald mit Eichen, Ulmen, Kastanien, um nur einige zu nennen, und mit viel Unterholz. Höher wachsen Koniferen, darunter Obstbäume mit Äpfeln, Pflaumen, Pfirsichen und u. a. Kirschen, deren Bezeichnung von der Stadt Giresun kommen soll.

In der inneranatolischen Hochebene herrscht ein typisches Land- und Steppenklima. Die Sommer sind trocken und heiß mit kühlen bis kalten Abenden und Nächten (Ankara 27 °C im Juli, Konya 21 °C), die Winter kalt (Konya −3 °C im Januar, Ankara −8 °C). Die Temperaturen steigen im Sommer nicht selten über 40 °C und fallen im Winter oft auf unter −20 °C. Die Landschaft wechselt, dem Klima entsprechend, von Prärie über mediterrane Steppe bis zur Wüstenlandschaft ohne Vegetation am Tuz-Gölü.

Das Gebirgsklima Anatoliens ist noch rauher, fast sibirisch. Der Schnee bleibt bis zum Mai/Juni liegen, die Wintertemperaturen betragen in Kars −13 °C, die Julitemperaturen durchschnittlich 17 °C. Die Vegetation auf den Plateaus gleicht wieder der einer Steppe. Je mehr man sich nach Südosten bewegt, nehmen die mediterrane Vegetation und ein wärmeres, aber exzessives Klima zu. In Diyarbakir herrscht eine mittlere Januartemperatur von −1 °C und eine mittlere Julitemperatur von 31 °C, in Urfa betragen diese Werte +4 °C und +32 °C. Der Winter bringt selten mehr als 500 mm Niederschlag.

Die Türkei ist äußerst arm an Flüssen und Flußtälern, was hauptsächlich durch die hohen Gebirge an den Küsten bedingt ist. Die wichtigsten Flüsse, die zum Schwarzen Meer hin fließen, sind der Yeşil Irmak und der Kizil Irmak, mit 1150 km der längste Fluß des Landes, sowie der Sakarya. In Thrakien gibt es nur den schon genannten Meriç, der aber oft nur sehr wenig Wasser führt.

Die Flüsse der Ägäis-Region sind kurz, mit oft sich erneuernden Wasserläufen, und führen im Sommer nur wenig Wasser. Ihre Mündungen versandeten oft. Um den Gediz vor diesem Schicksal zu bewahren, hat man seinen Lauf in Izmir korrigiert. Weiter nennenswert sind hier der Bakir Çay und der Kleine und Große Menderes. Wichtig für die Landwirtschaft an der Küste der Mittelmeerregion sind der Seyhan und der Ceyhan. Die 516 km und 474 km langen Flüsse haben eine Deltamündung und bringen der Landwirtschaft dieser Region die notwendigen Grundlagen. Schließlich liegt in der Türkei noch der Oberlauf der berühmtesten

Flüsse des Nahen Ostens, der des Euphrat-Firat und des Tigris-Dicle, die 950 km bzw. 452 km das Land durchqueren. Im großen Teil Inneranatoliens und in vielen Tälern der Türkei gibt es Bassins ohne Wasserzu- oder -abfluß; sie sind mit unbedeutenden kleinen Flüssen oder Seen wie dem Eğridir, dem Beyşehir oder dem Salzwasser des Van gefüllt.

II. Die Geschichte des Osmanischen Reiches von 1299 bis 1923

1. Aufbauphase (1299–1453)

Im 13. Jahrhundert steht Rußland unter mongolisch-türkischer Oberherrschaft. Konya, die anatolische Hauptstadt der Rum-Seldschuken, die sich seit ihrem Sieg 1071 über die Byzantiner, bei Mantzikert in Armenien, frei über Kleinasien ausbreiten konnten, erlebt seine Blüte in der zweiten Hälfte des Jahrhunderts. An seinem Hof entsteht der erste Derwisch-Orden, der im Osmanischen Reich eine bedeutsame Rolle für Politik und Religion spielen sollte. Durch eine große mongolische Invasion und die Bildung mehrerer selbständiger Kleinstaaten in Anatolien sank sowohl die Macht der Metropole als auch die der Seldschuken.

Eine neue Dynastie, die der benachbarten Karamanen, entstand. Deren Schwäche und die Schwäche der Seldschuken machten sich stammesverwandte Türken zunutze. Ein kleiner Stamm von ihnen vergrößerte auf Kosten des Seldschuken-Reiches von Rum in Anatolien während des 13. Jahrhunderts stetig seinen Machtbereich. Sein Anführer ist Ertuğrul, einer der vier Söhne Suleimans, den ein mongolischer Einfall von seiner Heimat ins obere Gebiet des Euphrat verschleppt hat. Seine Ansiedlung entwickelt sich zu einem starken Stamm von Kriegern, Hirten, Räubern, aber auch Gesetzesgebern und Staatsgründern. Ertuğruls ältester Sohn ist Osman, nach dem sich, als er ein kleines Fürstentum gründet, der gesamte Stamm nennt. Dessen Hauptstadt ist Brussa oder auch Bursa, das den Byzantinern entrissen werden konnte. In Zukunft sollen sich alle kleinasiatischen Türken nach Osman benennen. Seine Regierungszeit ist nicht eindeutig belegt, wird aber für die Zeit von 1299 bis 1323 angenommen. So ist 1299 unserer Zeitrechnung das Geburtsjahr des Osmanischen Reiches.

Bis zur Eroberung der zweiten Hauptstadt der Byzantiner durch den Sultan-Mehmet-Fatih, welche die endgültige Herrschaft über den Balkan mit sich brachte, war es noch ein weiter Weg. Bis dahin befindet sich das Osmanische Reich, das zunächst nur eine kleine Hinterlassenschaft Osmans ist, im Aufbau. Osmans Sohn Orhan setzte das Werk seines Vaters fort – mit Tapferkeit bei Eroberungen, nicht nur gegen die Seldschuken in Kleinasien, und mit Organisationstalent beim Aufstellen eines Janitscharenkorps im Jahr 1330 sowie beim Prägen von Münzen mit seinem Namen, die anstelle des bisherigen seldschukischen Zahlungsmittels in Umlauf gesetzt wurden. Unter seiner Herrschaft entstehen Schulen und Krankenhäuser; ein reges Religionsleben alidischer, fast schiitischer Prägung findet statt. Neben Streitereien knüpft er gleichzeitig schon freundliche politische Beziehungen zu Byzanz. Die Übergriffe von Nomadenstämmen über den Bosporus sind nicht etwa planlos, sondern seit Beginn des Osmanischen Reiches steht die Absicht dahinter, die Meeresengen zwischen Asien und Europa mit dem Ziel zu überqueren, in Europa Fuß zu fassen. So sind die Überwindung der Dardanellen und die Eroberung von Gelibolu-Gallipoli unter Orhans Sohn Suleiman nur ein Schritt von vielen in diese Richtung. Der plötzliche Tod Suleimans bei diesem Unternehmen 1356 beendet für einige Zeit das weitere Vordringen der Türken nach Europa.

Dem wahrscheinlich 1359 verstorbenen Orhan folgte sein Sohn Murat I. Ihm gelang es, das Erbe seines Vaters reichhaltig zu mehren, indem er in Anatolien unter anderem Angora – Ankara erobern konnte, ferner Niş und Sofia und weite Teile Albaniens auf dem Balkan. 1389 schlägt er die Serben in der berühmten Schlacht auf dem Amselfeld (Kosovo Polje), bei der er selbst sein Leben verliert. Serbischen Quellen zufolge wurde er ermordet. Murats Sohn, Beyazit I., der seine Regentschaft als erster der Osmanischen Herrscher mit einem Brudermord beginnt, war noch erfolgreicher als sein Vater und Großvater. Trotzdem vernichten 13 Jahre nach seinem Amtsantritt in Anatolien einfallende Mongolen unter Timur ein Osmanisches Heer bei Ankara. Beyazit I., der sich als erster Osmanischer Herrscher nicht mehr Emir, sondern Sultan nennen darf, vollendete die Eroberungen seines Vaters in Serbien und schloß einen Vertrag, der die Oberhoheit der Türkei sicherte; er fiel in die Steiermark ein und eroberte Illyrien und Griechenland. Den Plan, Konstantinopel, in dessen Regierungsgeschäfte er sich bereits einmischen konnte, zu erobern, mußte er zunächst fallen lassen, um mit Serben und Janitscharen gegen den Mongolenkhan zu kämpfen. Dabei wurde er gefangen genommen und starb an einem Gichtanfall 1402 in Timurs Lager in Akşehir. Sein Sohn, Prinz Musa, durfte den Leichnam seines Vaters nach Bursa holen. Während Beyazit I., mit dem Beinamen Yildirim – der Blitz, der erste große Eroberer der Osmanischen Sultane, sein Reich zusammengehalten und immer vergrößert hatte, verloren seine vier Söhne diese Gebiete nicht nur, sondern ließen das Reich durch ihre Uneinigkeit – auch Timurs Eroberungskriegen gegenüber – in mehrere Teile zerfallen.

Nach einem Interregnum von 11 Jahren übernahm Sultan Mehmet I. die Herrschaft. Er schloß 1420 Frieden mit dem byzantinischen Kaiser Manuel. Es gelang ihm, das Reich wiederherzustellen und dabei noch eine Phase zehnjährigen Friedens zu erleben. Von den Folgen eines Sturzes bei einem epileptischen Anfall kann er sich nicht mehr erholen. Noch bevor er stirbt, kann er die Staatsgeschäfte so weit regeln, daß sein achtzehnjähriger, ältester Sohn Murat ungehindert sein Nachfolger werden kann. Dieser muß seines jüngeren Bruders Mustafa wegen, der ihm die Nachfolge des Vaters streitig machen will, eine erneute Belagerung Konstantinopels 1422 vorübergehend abbrechen. Murat II. lebte mit seinen europäischen Nachbarn und Vasallen in Frieden. 1444 kann er in der Schlacht bei Varna den letzten großen Entsatzversuch Byzanz' durch das Abendland zum Scheitern bringen. Er dankte schon zu Lebzeiten zugunsten seines Sohns Mehmet ab. Allerdings muß er zweimal von Manisa zurückkommen, um seinem Sohn gegen die Ungarn und gegen einen Janitscharenaufstand in Edirne zu helfen. So unternimmt er in den letzten Jahren seiner Regierung wieder Feldzüge auf dem Balkan. Im Jahr 1450 wird Konstantin nach dem Tod seines Bruders Johannes durch die Huld Murats II. letzter Kaiser von Konstantinopel. Im Februar 1451 stirbt der Sultan

49jährig an einem Schlaganfall. Seine Regierungszeit war für die künftige Entwicklung des Osmanischen Reiches kulturell und politisch von außerordentlicher Bedeutung. Es gelang ihm, das Werk seines Vaters zu konsolidieren; sein Hauptziel war es, mit seinen Vasallen in Frieden zu leben. Er war der erste Osmanische Herrscher, an dessen Hof ein Zentrum für islamische Gelehrte, Dichter und Literaten entstand.

Mehmet II. hatte ein weniger friedfertiges Naturell als sein Vater. Seine Regierung fiel in eine Zeit ständiger Eroberungen, und er nahm an allen wichtigen Feldzügen selbst teil. Sein Verdienst bestand nicht so sehr in der Erweiterung der vom Vater gesetzten Grenzen, sondern darin, Lehnsherren und Lokalfürsten unter Osmanischer Oberhoheit unmittelbar unter türkische Herrschaft zu bringen. So haben seine Eroberungen erst die gewaltige Ausdehnung des Reiches im 16. Jahrhundert ermöglicht.

1452 ließ er Rumeli Hisari, eine Burganlage auf der europäischen Seite des Bosporus, sowie ein enormes Belagerungsgeschütz bauen. Nach solchen systematischen Vorbereitungen beginnt er im Dezember 1452 mit der Belagerung Konstantinopels. Nach harten Kämpfen nimmt er die Stadt am 29. Mai 1453 ein. Die Hauptstadt des Oströmischen Reiches ist in islamischer Hand. Mehmet II. mit dem Beinamen Fatih, der Eroberer, nutzt seine erste und hervorragendste militärische Tat mit staatsmännischem Weitblick. Er läßt den als Sklaven verkauften Mönch G. Scholarios zurückkaufen und macht ihn zum Patriarchen der griechisch-orthodoxen Kirche in Konstantinopel; auch der Vorsteher der jüdischen Gemeinde wird von Fatih anerkannt. So schafft er die Grundlage zum Wiederaufbau dieser Stadt als eines internationalen Handelsplatzes mit kosmopolitischer Bevölkerung und als Mittelpunkt seines vielfältigen großen Reiches. Er ging in allem mit politischer Weitsicht und großer Energie, aber auch mit Grausamkeit vor. Seine Regierung trat er mit Brudermord an, indem er seinen acht Monate alten Bruder Ahmet ins Wasser werfen ließ. Dies wurde später sogar in dem von ihm initierten Kanun, dem ersten türkischen Gesetzbuch, legalisiert. Er war nicht nur ein Eroberer und Gesetzesgeber, sondern trat in allem, in der Verwaltung seiner Armee, in der Unterstützung wissenschaftlicher Studien und seinem Interesse für Poesie und Literatur sowie für die Rennaissance-Künste Italiens als geniale Persönlichkeit auf, deren Eigenschaften allein das neue Werk und die glänzenden Eroberungen zuzuschreiben sind. Nur ihm gebührt das Verdienst, die Kräfte des Reiches, das seine Vorväter bis dahin aufgebaut hatten, für höhere politische Ziele verwandt zu haben. Er starb am 3. Mai 1481 und wurde neben seiner Moschee in Konstantinopel begraben.

2. Glanzzeit (1453–1683)

Die glanzvollste Epoche des Osmanischen Reiches begann mit Mehmet I.; unter Mehmet II. wurde diese Epoche endgültig gefestigt und sollte über 200 Jahre dauern. Unter Beyazit II., der als Sufi-Weiser galt und viele Moscheen bauen ließ, fanden neue Eroberungen in Europa, teils unter beiderseitig grausamen Kämpfen, statt. Bei allen möglichen politischen Verwicklungen erschütterte 1504 noch ein Erdbeben Istanbul bis auf die Grundmauern. Selim I., mit dem Beinamen Yavuz, der Unnachgiebige, gelangte durch Brudermord an die Regierung, nachdem sein Vater auf einer Reise gestorben war, ob an einem langen Leiden oder an Gift, ist fraglich. Ihm gelingen ungeheure Eroberungen islamischer Länder; 1517 erobert er Ägypten, was von enormer Bedeutung für die religiöse und politische Orientierung der Türkei bis in die heutige Zeit ist. Zur Zeit Selims I. weicht der persisch-schiitische Einfluß endgültig dem arabisch-sunnitischen. Selim I. wurde trotz oder wegen seiner Grausamkeit und seiner politischen Leistungen zum Nationalhelden. Am 20. September 1520 starb er während der seit 1519 laufenden Vorbereitungen zur Eroberung von Rhodos. Seine Erfolge hatten auf die christliche Welt einen solchen Eindruck gemacht, daß Papst Leo versuchte, in Frankreich und England Verbündete gegen die Türken zu finden.

Suleiman I., einziger Sohn Selims, sah in der Ausbreitung der Lehre Mohammeds seine ersten und letzten Pflichten. Der 1494

Geborene eroberte nach Beendigung seines ersten Feldzuges, nach Belgrad, 1522 Rhodos. Es folgt eine Reihe siegreicher Feldzüge, die er mit außerordentlicher Energie durchführt. Der gesamte Balkan wird überzogen und im Mai 1529 ein Feldzug nach Wien durchgeführt, dessen berühmte Belagerung vom 27. September erst am 15. Oktober abgebrochen wird. Im Juli 1534 zieht er in Bagdad ein, 1552 versucht er – nach einer früheren, mißlungenen Belagerung von Buda – Pest einzunehmen. Seine Eroberungen waren zahlreich. Er galt als fromm, rechtgläubig und als Liebhaber der Jagd, als der geborene Herrscher von ehrfurchtgebietender Würde, inmitten seines Hofes, wie beim Beschneidungsfest seiner Söhne im Jahr 1530 oder bei den Hochzeiten seiner Schwestern (1558). Seine Name steht für eine ganze Epoche, in der das Osmanische Reich unbestrittene Großmacht in der christlichen ebenso wie in der islamischen Welt wurde, und zwar nicht nur durch seine Eroberungen, sondern durch seine Entwicklung des innenpolitischen Systems. Unter Suleiman I. wurden die von seinen Vorgängern eingeführten und vorbereiteten Staatseinrichtungen bis zur Perfektion gebracht. Die christlichen Staaten hatten jede Hoffnung aufgegeben, die Türken wieder aus Europa zu vertreiben. Denn die numerische Stärke des Heeres, seine Disziplin und persönliche Tapferkeit sowie Treue gegen den Sultan, seine Hingebung an den Islam und Todesverachtung machten aus ihm das erste und stärkste Heer der Welt, und das Reich wurde unüberwindbar. Während der 46 Jahre, die er das Reich beherrschte, nahm es auch einen großen kulturellen Aufschwung. Die Osmanische Kultur entwickelte ihren eigenen unabhängigen Charakter in Literatur und Kunst.

Suleimans I. Tod fällt in das Jahr 1566. Unter seinen Nachfolgern gewinnen Frauen, Eunuchen und Rechtsgelehrte einen bedeutsamen Einfluß auf die Politik. Suleimans Machtbewußtsein und Herrschersinn haben sich nicht auf seinen Sohn, Sultan Selim II., vererbt. Dieser bekommt bald den Beinamen Trunkenbold. Zwar behauptet der Osmanische Staat sein Gebiet; auch kann die Eroberung Zyperns Selim II. zugeschrieben werden sowie der Aufbau einer neuen Flotte nach deren völliger Zerstörung;

aber unter seiner Herrschaft verbreiten sich Verschwendungssucht und Bestechungswesen. Der Nimbus der Unbesiegbarkeit wird mit der Niederlage im Golf von Lepanto 1571 zerstört. Auch daß er als erster Osmanischer Fürst ein Serailleben eingeführt hat, durch das die Sultanin Nur Ban allmächtig wurde, trägt zu seinem eher unrühmlichen Andenken bei. Der 1574 zum Sultan ausgerufene Sohn Murat III. stand ihm an Unrühmlichkeit nicht viel nach. Zwar trank er nicht, aber er war krank und beschleunigte durch eine lasterhafte Lebensweise seinen Tod. 1595 erlag er während eines epileptischen Anfalls seinem Nierenleiden. 1589 erlebte das Reich unter ihm die ersten Aufstände der Janitscharen, eines Korps, das aus zum Militärdienst erzogenen Christen bestand. Die Wesire gewannen an Einfluß und Macht; Korruption, vor allem in der Verwaltung der Lehnsländer, begann das Land zu zerrütten. Auch während der Regierungszeit Mehmets III. war der allmähliche Verfall nicht aufzuhalten. Fremde Gesandte am Hofe schilderten diesen Sultan als Geistesgestörten, der sein Reich den Frauen und Wesiren überließ, selbst aber am Hofe ein Regiment von unvorstellbarer Grausamkeit führte. Als sein Sohn Mehmet ihm im Jahr 1603 offen den Vorwurf macht, es herrsche keine Ordnung mehr im Reich, stößt ihm sein Vater den Dolch in die Brust. Vom Hof unbeweint, starb Mehmet III. 52jährig an einem Schlaganfall.

Sein Nachfolger Ahmet I. regierte bis 1617; bei aller Grausamkeit in seinem Leben am Hof konnte er die politische Lage noch halten, und zwar durch den Frieden mit Persien unter Verzicht auf die von Selim I. eroberten Länder, die Zurückeroberung der Moldau, die Wiederherstellung des Friedens in Kleinasien und den Frieden von Bussa mit den Kosaken vom 27. September 1617. Es folgte eine Zahl mehr oder weniger unglücklicher Sultane, die nach ein- bis dreijähriger Regierungszeit abgesetzt und/oder ermordet wurden. Die „Hohe Pforte", wie der Sultanspalast seit Suleiman dem Prächtigen genannt wurde, litt offensichtlich unter dem Mangel „an allem, besonders an Leuten, die zu befehlen imstande sind und an Geld", wie der französische Gesandte bereits 1607 treffend bemerkte. Die Regierungsgeschäfte wurden nur noch von Wesiren ausgeführt und von jedem am Hof mitbestimmt, der gut im Intrigenspiel war. Sie bestanden in erster Linie nur noch darin, Aufstände von Janitscharen und Revolten von Lehnsfürsten niederzuschlagen und mühsam das reiche politische Erbe der Vorfahren zusammenzuhalten.

Auch von den letzten sechs Sultanen in der zweiten Hälfte des 17. Jahrhunderts, die sich sogar sechs bis acht Jahre an der Macht halten konnten, wurden immerhin drei abgesetzt. Trotz außenpolitischer Niederlagen, wie der gegen Österreich bei St. Gotthard an der Raab 1664, gelingt es, den Krieg mit Polen 1676 mit einem Friedensvertrag, der die Stellung des Reiches im Norden verstärkt, zu beenden. Unter Mehmet IV., einem extrem faulen, eigenwilligen und launischen Sultan, wird die traditionelle Kriegführung durch den Großwesir fortgeführt. 1677/78 wird zwar noch erfolgreich gegen die Kosaken gekämpft, hinter denen bereits die moskowitische Macht Rußlands steht, die zum großen Antipoden des türkischen Reiches werden wird. Im erneuten Krieg gegen Österreich, der 1682 losbricht, hat die Türkei aber keinen Erfolg. Die zweite Belagerung der Stadt Wien 1683 endet durch das Eingreifen des Polenkönigs Sobiecki mit der Flucht der Türken – eine für das heutige Abendland wie für die heutige Türkei schicksalhafte, wenn nicht die entscheidende Niederlage. Denn noch einmal sollten die Türken weder die Kraft noch die politischen Voraussetzungen für ein Unternehmen mit dem Ziel, Europa unter ihre Herrschaft zu bringen, finden.

3. Untergang und Ende (1683–1923)

Die Niederlage Mehmets IV. vor Wien leitet nicht nur eine Reihe von kriegerischen und somit außenpolitischen Niederlagen ein, sondern bedeutet für das Osmanische Reich den Anfang vom Ende. Immer größer wird der „Verschleiß" an Sultanen, immer kürzer die Zeit der Regierung, bis sie abgesetzt werden. Seit Selim III., der 1807 trotz seiner Bündnisse mit England und Rußland, trotz bzw. wegen seiner Reformpolitik eine schwere innenpolitische Krise nicht übersteht und nach 18 Jahren Regierung abgesetzt und ein Jahr später ermordet wird, gelingt es dem als Reformer bezeichneten Mahmut II. als einzigem der letzten neun Sultane, sich 31 Jahre lang auf dem Thron zu halten und tatsächlich von 1808 bis 1839 zu regieren. So umstritten Mahmut II. auch in der Türkei selbst ist, so entscheidend waren seine Tanzimatreformen, die die allmähliche Schaffung eines geordneten Regierungssystems zum Inhalt hatten, für die viel spätere Republik und seine Außenpolitik für die heutige Türkei. Zur Zeit seines Amtsantrittes dauerte der türkisch-russische Krieg, der 1812 mit dem Frieden von Bukarest, bei dem die Türken nur Bessarabien abgeben mußten, abgeschlossen wurde, schon zwei Jahre. Dreizehn Jahre nach der erfolglosen Belagerung Wiens versuchten die Russen, der Türkei Asow zu entreißen. Dies war der Beginn ständiger Kriege zwischen den beiden Großmächten, durch die es Rußland gelingt, Zugang zum Schwarzen Meer und freie Handelsschiffahrt in den türkischen Gewässern zu erhalten. Erst nach dem Krieg 1877–79 wird auf der Grundlage der Ergebnisse des Berliner Kongresses ein Friedensvertrag mit Rußland geschlossen.

Der Aufstand der Griechen 1821 bis 1829 – das Jahr 1821 feiern sie heute als Gründungsjahr ihres Staates – wird von Rußland heimlich unterstützt; 1827 wird die türkische Flotte bei Navarino von England, Frankreich und Rußland, die nun zusammen Griechenland unterstützen, zerstört. 1830 entsteht das Londoner Protokoll über die Unabhängigkeit der Griechen. All dies kann Mahmut II. nicht abhalten, zielstrebig seine innenpolitischen Pläne durchzusetzen: ein neues Heer aus den Truppen der Janitscharen, deren Korps er 1829, drei Jahre nach ihrem Aufstand, auflöst, nach europäischem Muster zu bilden und den Staat nach europäischem Muster zu ordnen. So ließ er eine Ausbildungsanstalt für Ärzte errichten, schickte Gruppen von Studenten nach Paris, London und Wien, unternahm selbst eine Reise in den europäischen Teil seines Reiches und öffnete sein Land in für viele seiner Untertanen empörender Weise nach Europa. Wie später Atatürk den Fez durch den Huterlaß abschaffte, ließ er die bauschigen Hosen durch den Stambulin, einen schmalen langen Mantel über engen schwarzen Herrenhosen, und den Turban durch eben den roten Fez aus Marokko ersetzen. Die bedeutendste Reform war jedoch die des Regierungssystems: Es entstand allmählich eine Art Kabinett von Staatsministern wie ein Beamtentum nach europäischem Muster.

Die letzten 83 Jahre, von 1839 bis 1922, zeichnen sich durch den Einfluß westeuropäischer Ideen aus, die zwar eine Wiederbelebung des Staates in kultureller und administrativer Hinsicht mit sich bringen, aber gleichzeitig, und zwar durch neue politische Ideale wie Tanzimat, Osmanismus, Pantürkismus und Panislamismus, das Ende des Osmanischen Reiches bedeuten. Zuletzt wurde der türkische Nationalismus als eine Folge des endgültigen Verlustes fast aller nichttürkischen Gebiete im Krieg und sicher auch als Reaktion auf die politische und wirtschaftliche Einflußnahme der europäischen Mächte geboren. 1841 wurde die Meerengenklausel nach der Londoner Konferenz verabschiedet, und die Türkei trat endgültig durch dieses internationale Abkommen in den Rat der europäischen Mächte ein. Innenpolitisch entwickelten sich die Parteien; es gibt bereits Strömungen, die einen konstitutionellen Parlamentarismus verfolgen. 1876 findet die unter Mahmut II. begonnene Tanzimat-Politik ihren Höhepunkt in der Ausarbeitung einer Verfassung. 1878 beginnt das Interesse Deutschlands an der Türkei. Die Orientreise des Deutschen Kaisers Wilhelm II. 1889 leitet die enge Zusammenarbeit des Deutschen und des Osmanischen Reiches ein, die dieser Reise folgen sollte. Enver Paşa verkündet 1908 als einer der Führer der „Jungtürkischen Revolution“ die Wiederinkraftsetzung der von Abdul Hamid abgesetzten Verfassung von 1876. Der verhaßte Sultan wird unter anderem deshalb abgesetzt; um 1909 folgt ihm Mehmet V. auf den Thron. Die Jahre 1911 und 1913 sind durch den Verlust der Herrschaft über Nordafrika, den Sieg der Italiener in Libyen sowie die vernichtende Niederlage gegen die Balkanstaaten gekennzeichnet. Zwar können die Osmanen Adrianopel-Edirne behaupten und ihr Heer mit deutscher Hilfe reorganisieren. Am 30. 10. 1914 schließen sie einen geheimen Bündnisvertrag mit den Deutschen, doch schließlich verlieren sie durch die Eroberungen der Engländer in den Jahren 1917 und 1918 ihre sämtlichen Asien-Besitzungen. 1918 wird Mehmet VI. der 36. und letzte Sultan des Osmanischen Reiches.

Im Vertrag von Sèvres vom 10. 8. 1920 ist die totale Zergliederung der Türkei vorgesehen. Mustafa Kemal leitet den türkischen Widerstand ein. 1921 verzichtet Frankreich in dem Franklin-Bouillon-Abkommen auf sein ihm zugeteiltes Gebiet. 1922 ist ein Jahr mit vielen wichtigen Ereignissen und Entscheidungen für die Türkei: Die Türkei und Griechenland führen Krieg gegeneinander, der mit der Einnahme und Niederbrennung Izmirs am 9. 9. durch die Türken endet. Am 11. 10. wird ohne die Beteiligung der Regierung des Sultans ein Waffenstillstand in Mudanya geschlossen, und Istanbul geht wieder in türkische Hand über. Am 30. 10. dieses Jahres wird das Sultanat in der Türkei abgeschafft; am 17. 11. verläßt Sultan Mehmet VI. das Land. Sein Nachfolger in der Thronfolge wäre Abdul Mecit; er bleibt Kalif, Oberhaupt der islamischen Glaubensgemeinde. Mehmet, der letzte Sultan des Hauses Osman, stirbt im Mai 1926, nachdem er 1924 noch den Anspruch des Königs Hussein auf das Kalifat anerkannt hatte. In demselben Jahr wird auch Abdul Mecit aus der Türkei vertrieben und das Kalifat endgültig abgeschafft.

III. Die neuere Geschichte der Republik von ihrer Gründung bis heute

1. M. Kemal Atatürk und seine Reformpolitik (1923–1939)

Wie erwähnt, sah der Vertrag von Sèvres vom 10. August 1920 eine Zerstückelung des Osmanischen Reiches vor. Der gesamte östliche Landesteil einschließlich der Städte Kars, Ardahan und Erzurum sollte in eine unabhängige Republik Armenien umgewandelt werden. Ein autonomes Kurdengebiet sollte südlich davon alle Gegenden östlich des Euphrat umfassen. Die französische Zone hätte Syrien und Kilikien umfaßt. Adana und Umgebung wurden Italien zugesprochen. Griechenland bekam Izmir und Westanatolien. Der Türkei blieb ein Territorium in Mittelanatolien und ein Teil der Schwarzmeerküste.

Unter diesen Bedingungen begann der türkische Befreiungskampf, der von 1920 bis 1923 dauerte. Mustafa Kemal, damals ein Offizier der osmanischen Armee, lehnte den Sèvres-Vertrag ab und begann vom 19. Mai 1919 an, die Kräfte zu mobilisieren, die den Befreiungskampf durchführen sollten. Er stieß zunächst zum Kaukasus vor, eroberte Sivas, Erzurum, Kars und Ardahan zurück. Seinen Kampf führte er gegen revolutionäre Armenier; er zwang die Russen, die neue türkisch-sowjetische Grenze anzuerkennen. Danach kämpfte er mit seinen Truppen gegen Frankreich, Italien und anschließend gegen die griechische Besatzungsarmee. Nach dem absoluten Sieg gegen die Besetzer konnte die Gründung des neuen Staates in die Wege geleitet werden.

Ismet Inönü, als siegreicher General des Befreiungskampfes und zweitmächtigster Mann der zukünftigen türkischen Republik, leitete bei den Gesprächen die türkische Delegation. Die Verhandlungen, die im Herbst 1922 begonnen worden waren, zogen sich mit einer kurzen Unterbrechung vom 4. Februar bis 23. April bis in den Sommer 1923 hin. Die Unterzeichnung des Vertrages von Lausanne fand am 24. Juli 1923 statt. In ihm wurden die Grenzen des neuen Staates völkerrechtlich anerkannt. Volk und Land waren durch die langwierigen Kriege seit Anfang des 20. Jahrhunderts stark geschwächt. In den neuen nationalen Grenzen mit einer Gesamtfläche von 767.675 qkm lebten 13,6 Millionen Menschen, von denen rund 90% Analphabeten waren.

Nach der Proklamation der Republik am 29. Oktober 1923 wurde Mustafa Kemal Atatürk der erste Staatspräsident. Er beauftragte Ismet Inönü mit der Bildung der neuen Regierung. M.K. Atatürk gründete mit seinen engsten Freunden 1923 die Republikanische Volkspartei, C.H.P., die als erste und lange Zeit als einzige Partei im Lande zugelassen war. Er leitete sogleich die seit längerer Zeit überfällige Modernisierung des in seinen politischen und kulturellen Fundamenten zerstörten Osmanischen Reiches, nunmehr der Türkei, ein. Er suchte mit seiner Reformpolitik den wirtschaftlichen, sozialen, politischen, rechtlichen und kulturellen Anschluß an die Industrienationen Europas.

Dieses Ziel war gleichbedeutend mit der Schaffung eines türkischen Nationalstaates, einer Nationalkultur und einer nationalen türkischen Identität. In diesem Sinn wurde eine Reihe spektakulärer Reformen durch M.K. Atatürk durchgeführt, welche die angestrebte Transformation von Staat und Gesellschaft einleiten sollten.

Mit der Gründung der Republik 1923 und mit der Abschaffung des Kalifats 1924 sorgte Atatürk für die vollkommene Souveränität des Staates durch die verfassungsmäßige Trennung von Religion und Staat. Die Republik bekam eine moderne Verfassung und zeitgemäße Gesetze. Der Islam war nicht länger Staatsreligion. Der Einfluß der Imame innerhalb der Gesellschaft wurde gestoppt. Die Bevölkerung erhielt anstelle der islamischen Gesetze westeuropäische Zivil- und Strafrechtsnormen. Im Jahre 1926 wurden zunächst das Schweizer Zivilrecht und damit die Einehe und die Gleichstellung der Geschlechter, anschließend das deutsche Handelsrecht und das italienische Strafrecht übernommen. Tiefgreifen-

Abb. 6: Der Jugend-Park in Ankara. Wegen seiner zentralen Lage in Inneranatolien wurde Ankara unter Atatürk 1923 zur Hauptstadt der neuen, unabhängigen Türkei.

de Reformen waren im kulturellen Bereich vorgesehen. Im Jahre 1928 wurde das neue türkische Alphabet auf der Grundlage des lateinischen eingeführt. Offiziell wurde das arabische Alphabet, das während des Osmanischen Reiches das kulturelle Leben bestimmt hatte, abgeschafft. Die Gleichstellung der Frau, das Frauenstimmrecht und die Einehe sollten dafür sorgen, daß die während des Osmanischen Reiches gesetzlich verankerte Benachteiligung der Frau dem Gesetz nach aufhörte. M. K. Atatürk wollte die Gleichstellung der Frau im Lande verwirklichen, was bis heute jedoch nur teilweise gelungen ist. Mit weiteren Reformen, wie der Einführung europäischer Kleidersitten und dem Verbot von Fes und Schleier, wollte er die Modernisierung des Landes verwirklichen. In der kurzen Zeit von 1923 bis 1929 führte er kulturelle, politische und wirtschaftliche Erneuerungen ein, die trotz des Widerstandes reaktionärer und theokratischer Kreise von breiten Bevölkerungsschichten akzeptiert wurden. Das Volk war zu einem

Neubeginn bereit; die Entwicklung konnte auch nicht mehr durch die Gegner Atatürks, die für die Beibehaltung des Kalifats waren, aufgehalten werden.

Am 20. 7. 1936 erhielt die Türkei im Vertrag von Montreux die volle Souveränität über ihre Meerengen zurück. 1939 kam Hatay zur Türkei zurück. Beim Ausbruch des Zweiten Weltkrieges 1939, den M. K. Atatürk nicht mehr erlebte – er starb am 10. 11. 1938 –, blieb die Türkei neutral. Ismet Inönü, zweiter Staatspräsident der Republik, verfolgte zunächst weiter die von Atatürk eingeleiteten politischen und wirtschaftlichen Ziele. War trotz zahlreicher Schwierigkeiten die Realisierung des ersten Fünfjahresplans in beachtlichem Ausmaß gelungen, so konnte der zweite Fünfjahresplan wegen Atatürks Tod und des Ausbruchs des Zweiten Weltkriegs jedoch nicht realisiert werden.

2. Der Zweite Weltkrieg und die Wende der türkischen Politik

Atatürks Tod und der Beginn des Zweiten Weltkrieges leiteten in der Türkei eine neue Phase der Außenpolitik sowie der Innen- und Wirtschaftspolitik ein. Ismet Inönü, der als zweiter Mann neben Atatürk die Gründung der neuen türkischen Republik betrieben hatte, wurde im Jahre 1938 vom Parlament zum Staatspräsidenten gewählt. M.K. Atatürk hatte auf eine unabhängige Außenpolitik und auf gute Beziehungen mit allen Nachbarstaaten großen Wert gelegt.

Nach dem Angriff der Italiener auf Griechenland bemühte sich England im Zweiten Weltkrieg um eine Unterstützung durch die Türkei. Die Sowjetunion betrieb der Türkei gegenüber zunächst eine aggressive Politik. Sie verlangte Stützpunkte am Bosporus, zumindest aber freie Fahrt für ihre Seeflotte durch die beiden türkischen Meerengen. Diese Offensive und die für die Regierung Inönüs unannehmbare Politik führte die Sowjetunion bis zur Verschlechterung ihrer Beziehungen zu Deutschland fort. Dann bemühte sie sich um eine Erneuerung des Nichtangriffspaktes mit der Türkei von 1925.

Vom Beginn des Krieges an bis zum Jahre 1943 versuchte Deutschland, die Türkei zur Teilnahme am Krieg auf seiner Seite zu bewegen. Ab 1943 ging der Einfluß Deutschlands auf die Türkei zurück. Statt dessen umwarb nunmehr England die Türkei. Churchills Besuch in der Türkei im Jahre 1943 war der wichtigste Schritt in diese Richtung. Staatspräsident Ismet Inönü betrieb jedoch trotz der Bemühungen der kriegführenden Staaten eine unparteiische Außenpolitik und sorgte für die Nichteinbeziehung seines Landes in den Krieg. Auf Betreiben Englands und der USA brach die Türkei am 1. August 1944 lediglich ihre diplomatischen Beziehungen mit Deutschland ab. Am 23. Februar 1945 erklärte die Türkei Deutschland symbolisch den Krieg, um am 24. Februar 1945 die UN-Charta mit unterzeichnen zu können.

Obwohl die Türkei am Zweiten Weltkrieg nicht teilnahm, litt ihre Wirtschaft doch stark darunter. Der zweite Industrieplan wurde aufgegeben und stattdessen die gesamte Wirtschaft auf eine Kriegswirtschaft umstrukturiert. Hinzu kam, daß bei einer Bevölkerungszahl von 17 Millionen knapp eine Million Soldaten ständig unter Waffen gehalten wurden, wodurch die Wirtschaft des Landes zusätzlich in erheblichem Maße belastet wurde. Die Bevölkerung litt sehr stark darunter. Zur Deckung der Militärausgaben erhob die Regierung Inönüs eine neue Steuer, die bei der Bevölkerung auf große Ablehnung stieß. Inönüs' Popularität nahm besonders unter den Arbeitern und der Landbevölkerung ab. Die Massen suchten nach anderen politischen Kräften, die ihre Interessen besser wahrnehmen konnten. Die innenpolitische Unzufriedenheit mit der Regierung Inönüs und das Ergebnis des Zweiten Weltkriegs veranlaßten die Regierung zur Ergreifung neuer politischer Maßnahmen.

Die ersten Beziehungen zwischen Türken und Deutschen waren im Jahre 1798 während des Osmanischen Reiches zustande gekommen. Im Auftrage des Sultans überprüfte damals der deutsche Oberst von Goetze die osmanische Armee und unterbreitete dem Sultan seine Empfehlungen. Die Errichtung der Bagdad-Bahn durch die Deutschen um die Jahrhundertwende und die finanziellen Beziehungen der Deutschen Bank zum osmanischen Finanzministerium vertieften die deutsch-türkischen Beziehungen, die durch den Ersten Weltkrieg und nach der Gründung der türkischen Republik nochmals intensiviert wurden. Während des zweiten Krieges überwog in der türkischen Presse allgemein eine deutschfreundliche Berichterstattung. Verschiedene türkische Zeitungen lobten die Angriffe der deutschen Armee und plädierten für eine Teilnahme der Türkei am Krieg auf der Seite Deutschlands.

Nach dem Zweiten Weltkrieg standen die außenpolitischen Beziehungen und die unabhängige Außenpolitik der Türkei vor einer großen Veränderung. Unmittelbar nach Kriegsende kam es zu einem Konflikt mit der Sowjetunion. Während der Verhandlungen über die Verlängerung des Nichtangriffspaktes mit der Sowjetunion am 7. 6. 45 machte diese folgende Vorschläge: sowjetische Stützpunkte sollten an den von der Türkei und UdSSR gemeinsam zu kontrollierenden Meerengen eingerichtet werden, der Montreux-Vertrag, der die militärischen Hoheitsrechte zugunsten der Türkei geregelt hatte, solle durch einen neuen Vertrag zwischen beiden Ländern modifiziert werden, und schließlich seien Grenzkorrekturen an der sowjetisch-türkischen Grenze zugunsten der Sowjetunion vorzunehmen. Die Forderungen der UdSSR wurden von Inönü abgelehnt. Die Türkei bemühte sich, gegenüber den Ansprüchen der UdSSR durch die Vermittlung von Großbritannien die Unterstützung der USA zu gewinnen. Die USA lehnten eine diplomatische Unterstützung der Türkei jedoch ab und unternahmen keine Schritte zur Vermittlung. Die Spannungen mit der Sowjetunion, die ihre Forderungen 1946 wiederholte, führten zu einer Änderung der Außenpolitik des Landes. Es kam in der Zeit von 1945 bis 1950 zu einer starken Annäherung an die westeuropäischen Staaten und an die USA unter Verzicht auf eine unabhängige blockfreie Politik, was auch innenpolitische Neuerungen mit sich brachte.

Angesichts des zunehmenden Einflusses der USA auf Westeuropa, der veränderten Kräfteverhältnisse in Südeuropa sowie der sich aufbauenden Fronten zwischen den USA und der UdSSR suchte die Türkei Anschluß an die USA. Dabei spielte auch die ungünstige Entwicklung der türkischen Wirtschaft während des Zweiten

Weltkrieges eine dominierende Rolle. Die ersten intensiven Bemühungen zwischen den USA und der Türkei kamen durch die Inanspruchnahme der Marshall-Plan-Hilfe zustande. Sie band die Türkei fest an das westliche Lager. Im Rahmen der Marshall-Hilfe erhielt die Türkei für die Mechanisierung ihrer Landwirtschaft Maschinen.

Die außenpolitische Neuorientierung war mit einem tiefgreifenden Wandel des innenpolitischen Lebens in der Türkei verbunden. Auch auf Empfehlungen der USA wurde nach dem Krieg die Gründung neuer Parteien zugelassen. 1946 wurde die Demokratische Partei (DP) gegründet. Sie vertrat all jene gesellschaftlichen Kräfte, die seit der Gründung der Republik von den kemalistischen Reformen nur marginal oder gar nicht berührt worden waren. Verschiedene Großgrundbesitzer, die eine Verwirklichung der seit 1923 vorgesehenen Landreform befürchteten, waren die Vorreiter dieser Partei. Bei den ersten Wahlen gleich nach ihrer Gründung im Jahr 1946 hatte sie einen großen Erfolg. Besonders die Landbevölkerung und stark islamisch eingestellte Wählerschichten unterstützten die Partei. Mit verschiedenen Wahlmanipulationen gelang es jedoch der Republikanischen Volkspartei, die Wahlen zu gewinnen. Die starke Opposition im Parlament zwang die Regierung Inönüs, auch unter dem Einfluß der USA, zu einer Kursänderung in der Wirtschaftspolitik. 1948 fand in Istanbul der zweite Wirtschaftskongreß statt, auf dem die wichtigsten Abweichungen von der etatistischen Wirtschaftspolitik beschlossen wurden.

Bei den Wahlen am 14. Mai 1950 erhielt die Demokratische Partei 53 Prozent der Wählerstimmen, während auf die Republikanische Volkspartei nur 39 Prozent der Stimmen entfielen. Die DP vertrat die Interessen der Landbevölkerung (1950 lebten noch 81,5 Prozent der Türken auf dem Land). Nach diesen Wahlen wurde Celal Bayar, einer der maßgeblichen Gründer der Partei, Staatspräsident. Adnan Menderes, der von 1950 bis zum Militärputsch von 1960 die türkische Geschichte geprägt hat, wurde Ministerpräsident. Mit dieser Wahl endete die Phase der Einheitspartei C. H. P., die von 1923 bis 1950 gedauert hatte. Mit A. Menderes begann die Phase der traditionellen Liberalisten, und es erlosch der letzte Grundgedanke der unabhängigen Außenpolitik des Staatsgründers Atatürk.

Die mit Atatürks Wirtschaftspolitik unzufriedenen bürgerlichen Schichten erwarteten von der neuen Regierung größeren unternehmerischen Handlungsspielraum. Die Wirtschaftspolitik unter Menderes brachte auch eine stärkere Berücksichtigung der landwirtschaftlichen Entwicklung anstelle der von den Kemalisten vorrangig betriebenen Förderung der Industrialisierung. Durch die Gewährung der Marshall-Hilfe erlangten die Amerikaner in der Türkei großes Vertrauen. Den Empfehlungen der amerikanischen Berater entsprechend, sorgte die Demokratische Partei endgültig für eine Abkehr von der etatistischen Wirtschaftspolitik. Diese einseitig landwirtschaftsorientierte und auf die Förderung der privaten Investitionen abzielende liberale Wirtschaftspolitik brachte alsbald eine ökonomische Krise mit sich.

Die erste Abwertung der Türkischen Lira (TL) wurde gleich nach dem Zweiten Weltkrieg noch von Inönüs' Regierung 1946 nach den Empfehlungen des Internationalen Währungsfonds vorgenommen, aber die wirtschaftsregulierende Rolle Westeuropas und des IWF verstärkte sich nach 1950 immer mehr. Zielsetzung der Regierung Menderes war es, aus der Türkei ein kleines Amerika zu machen. Das Motto „in jeder Straße einen Millionär aufbauen" prägte inhaltlich die Wirtschaftspolitik. Die Auslandsverschuldung nahm zu, da die Türkei zur Verwirklichung der obengenannten Ziele in stärkerem Maße Kredite in Anspruch nahm.

3. Der NATO-Beitritt der Türkei (1952)

Diese wirtschaftspolitischen Entwicklungen, die durch großzügige Auslandskredite ermöglicht wurden, sorgten für eine Wende in der Außenpolitik. Die gewährte Marshall-Hilfe, die Bündnisbildung in Westeuropa gegen die Sowjetunion und der Einfluß der USA auf die Regierung Menderes brachten für die Türkei neue außenpolitische Verpflichtungen mit sich. Nach der Bildung der NATO im Jahr 1949 bemühte sich die türkische Regierung um die

Mitgliedschaft. Die NATO-Staaten nahmen zunächst eine ablehnende Haltung gegenüber einer Mitgliedschaft der Türkei ein. Der Korea-Krieg gab der Türkei dann jedoch die Möglichkeit, ihre Wünsche zu verwirklichen.

Die Türkei legte Anfang der 50er Jahre auf die politische Unterstützung der USA sehr großen Wert, da sie sich im Hinblick auf die politischen Forderungen der Sowjetunion geopolitisch unsicher fühlte. Während die USA nach der Gründung der NATO die Mitgliedschaft der Türkei begrüßt hatten, waren Großbritannien, Norwegen, Dänemark, Holland und Belgien dagegen. Diese Staaten befürchteten, daß die Mitgliedschaft der Türkei innerhalb der NATO eine Verschärfung der Politik der Sowjetunion hervorrufen könnte. Eine zusätzliche Belastung der Beziehungen mit der Sowjetunion wollten viele NATO-Staaten verhindern.

Der Korea-Krieg gab der Regierung Menderes Anlaß, ihre Zugehörigkeit zu Westeuropa unter Beweis zu stellen. Im Jahr 1950 nahm daher die Türkei am Korea-Krieg teil und erhielt im Jahr 1951 das Angebot, Mitglied der NATO zu werden. Am 19. Februar 1952 beschloß das türkische Parlament, das Angebot anzunehmen. Damit hatte sich die Türkei endgültig von der blockfreien Außenpolitik des Staatsgründers Atatürk gelöst. Dieser Beschluß wurde von der Sowjetunion heftig kritisiert und belastete während der 50er Jahre weiterhin die türkisch-sowjetischen Beziehungen. Im Jahr 1954 unterzeichnete die Türkei zusammen mit Griechenland und Jugoslawien auch den Balkan-Vertrag. Dieser Vertrag, der die Zielsetzung der NATO stabilisieren und durch die Beteiligung Jugoslawiens auch erweitern sollte, hatte jedoch keine lange Lebensdauer. Aufgrund der Verbesserung der Beziehungen zwischen der Sowjetunion und Jugoslawien einerseits und der Verschlechterung der Beziehungen zwischen Griechenland und der Türkei andererseits verlor der Balkan-Vertrag ab 1955 seine Grundlage.

Ab 1954 wiesen die USA der Türkei neue Aufgaben im Nahen Osten zu. Der US-Außenminister J. F. Dulles wollte ab 1953 im Nahen Osten neue Blöcke gegen die UdSSR mobilisieren. Die Türkei intensivierte ihre Beziehungen zum Irak, 1955 wurde von beiden Staaten der Bagdad-Vertrag, ein Militärabkommen, unterzeichnet. Im selben Jahr traten Großbritannien, Pakistan und der Iran dem Bagdad-Pakt bei. Diese amerikafreundliche Bewegung im Nahen Osten erregte Mißtrauen unter den anderen arabischen Staaten. Besonders Ägypten und Syrien verurteilten dieses Abkommen und distanzierten sich von der Türkei, die nun eine völlig an den USA orientierte Außenpolitik betrieb. Der Bagdad-Vertrag wurde in seiner ursprünglichen Form bis zum Militärputsch 1958 im Irak aufrechterhalten; dann verließ Irak den Bagdad-Pakt. Später entwickelte sich diese militärische Organisation zu einer ökonomisch, kulturell und technisch geprägten Institution, der „Central Treaty Organization" (Cento). Mit der geschilderten Außenpolitik sorgte die Demokratische Partei während ihrer Regierungszeit für eine Verschlechterung der Beziehungen zu den islamischen Staaten. Auch die Beziehungen zur Dritten Welt und den COMECON-Staaten litten unter dieser Außenpolitik.

In Zypern lebten nach dem Zweiten Weltkrieg 120000 Türken und 450000 Griechen. 1955 nahmen die Griechen ihren Kampf gegen die Briten auf Zypern auf. Die zunehmenden Terroraktionen der Griechen gegen die Briten sorgten für eine Resignation der Briten. Die Autonomie-Diskussion für beide Volksgruppen veranlaßte die Türkei zu einer offensiven Zypernpolitik, was zu Spannungen mit Griechenland führte. Der Kampf zwischen Griechen und britischen Soldaten und die politische Einmischung der Türkei machten eine Lösung des Zypern-Konflikts erforderlich, der die griechisch-türkischen Beziehungen immer stärker belastete.

Im Jahr 1959 kamen die drei Staaten Griechenland, Großbritannien und die Türkei in Zürich und London zusammen und unterzeichneten das Londoner Abkommen, das den Weg für die Gründung der Zypernrepublik eröffnete. Mit dem Abkommen entstand eine neue Republik unter griechischer und türkischer Volksbeteiligung. Dieses Zusammenleben der beiden Volksgruppen dauerte nur vier Jahre. Ende 1963 kam es zu ersten Zusammenstößen, initiiert von den Griechen, die bis zur Zypernintervention der Türken 1974 andauerten. Der Konflikt hielt nach dieser Intervention weiter an. Er sollte auch während der 70er und 80er Jahre wichtiger Teil der türkischen Außenpolitik sein. 1983 erkannte die Türkei als einziges Land der UNO die von den türkischen Zyprioten neu proklamierte Türkische Republik Zyperns an.

Im Jahre 1947 nahmen militärische Geheimabkommen zwischen der Türkei und den USA ihren Anfang. Der erste Geheimvertrag ohne Genehmigung des türkischen Parlaments wurde 1947 unterzeichnet. Ein 1950 abgeschlossenes Abkommen bevollmächtigte die türkische Regierung, bei innerer Unsicherheit und Bedrohung der Nation die USA jederzeit intervenieren zu lassen. Dieses Abkommen wurde 1954 kurz nach den Wahlen offiziell angenommen, ohne daß zuvor die Zustimmung der Nationalversammlung, des verfassungsmäßig zuständigen Organs, eingeholt worden wäre. Während der 50er Jahre nahm die Zahl der auf türkischem Territorium stationierten USA-Basen und Stützpunkte zu. Insgesamt waren auf den US-Basen und Stützpunkten bis zu 28000 Soldaten stationiert, darunter ca. 7000 Techniker und militärische Berater. Mit dem zwischen der Türkei und den USA vereinbarten geheim-bilateralen Abkommen war die Türkei langfristig sowohl ökonomisch-politisch, als auch militärisch in die NATO und CENTO und damit insgesamt stärker in das westliche System eingebunden. Dadurch war die Türkei unter der Regierung Menderes für die Nachbarstaaten ein gefährliches Land geworden. Die USA setzten z.B. bei der Besetzung des Libanon 1958 in der Türkei stationierte amerikanische Truppen, Flugzeuge und Ausrüstungsmaterial gegen den Libanon ein. Die zwischen der Türkei und den USA vereinbarten Abkommen ermöglichen den USA, folgende speziell strategische Ziele zu verfolgen: die Sicherung der Südflanke der NATO, die Festigung der Position in den Ländern des Nahen Ostens, die Unterstützung Israels und die Sicherung der Versorgungshilfe der westlichen Welt im Mittelmeer. Aus diesem geheimen Abkommen sind für die Türkei Verpflichtungen entstanden, die den Handlungsspielraum der türkischen Regierung auch in Zukunft stark einengen werden.

IV. Die türkische Sprache

Diese Sprache gehört nicht wie die meisten europäischen Sprachen zur indo-germanischen Sprachgruppe, sondern zur ural-altaischen Sprachgruppe, zu welcher auch das Ungarische, Finnische und Mongolische gehören. Sie ist sowohl im Grundwortschatz als auch in der Grammatik so eng mit den übrigen, heute noch in der UdSSR gesprochenen Turksprachen verwandt, daß man sich mit ihrer Hilfe in dem ganzen Verbreitungsgebiet der Turksprachen von Sibirien über Zentralasien und den Kaukasus bis in die Türkei recht gut verständigen kann. Aufgrund ihrer vom Indogermanischen vollkommen abweichenden Struktur ist die Kenntnis der türkischen Sprache für den vergleichenden Sprachwissenschaftler von großer Wichtigkeit.

Im Vergleich zum Griechischen hat das Türkische keine so alte Geschichte, dennoch hat es seit seiner Entstehung eine einzigartige Entwicklung durchgemacht, die man in vier große Zeitabschnitte teilen kann. Vom siebten Jahrhundert an ist aus Inschriften das Nordtürkisch, das auch Alt- oder Göktürkisch genannt wird, bekannt. An dessen Stelle tritt etwa im neunten Jahrhundert das Uigurische, nachdem der türkische Stamm der Uiguren über die anderen Turkstämme die Vorherrschaft gewonnen hatte. Diese Sprache, die wir zuerst in Inschriften und religiösen Texten antreffen, wird entweder als Alttürkisch oder Alt-Uigurisch bezeichnet.

Die zweite Periode umfaßt die Zeit vom 12. bis zum 15. Jahrhundert, als die türkischen Nomadenstämme nach Kleinasien/Anatolien einziehen und sich das Osmanische Reich entwickelt. Die Sprache ist noch rein. Es ist das Mittel-Türkische oder Anatolische. Es wird zu der Zeit kaum als Schriftsprache verwendet; nur um z. B. Besitz auszudrücken, werden Wappensymbole und Siegel hergestellt. Nachdem die Türken den Islam angenommen haben, unterscheidet man eine West- und eine Ostgruppe, ogusisch und die Sprache der Hakane, die sich mit Beginn des 14. Jahrhunderts zum Tschaigataiischen entwickelt, der Sprache der „östlichen Goldenen Horde". Die Ogusen sind einer der wichtigsten Stämme. Ogusisch ist bis zum 13. Jahrhundert der Vorläufer der anatolischen Sprache.

Nach dieser Epoche des Mitteltürkischen werden unter dem Einfluß des Islam in radikaler Weise persische und arabische Wörter in die türkische Sprache eingeführt. Die in der Zeit vom 14. bis zum 20. Jahrhundert neu geprägte Sprache, die auf der Basis anatolischer Dialekte entstanden ist, ist das Osmanische. Mit dem Übertritt zum Islam und dessen wachsendem Einfluß bei Hof – und somit in Politik und Gesellschaft – hatten die Osmanen begonnen, ihre Sprache in arabischen Schriftzeichen zu schreiben. Die türkische Sprache wird weiterhin vom Volk benutzt; wer aber lesen und schreiben kann, bedient sich des Osmanischen, einer im Laufe der Zeit hochentwickelten höfischen Sprache, die nur von einer kleinen Oberschicht beherrscht wird und deren Wortschatz von einer erdrückenden Vielfalt arabisch-persischer Bestandteile durchsetzt ist. Deutlich wird die sprachliche Doppelentwicklung in der Literatur. Auf der einen Seite entsteht die Divanliteratur, nach starren Schemen, wie etwa einem bestimmten Versmaß, verfaßt, auf der anderen Seite die von fremden Einflüssen freie Volksliteratur Anatoliens; die eine wird schriftlich tradiert, die andere ist reine Erzählliteratur. Dies bleibt so bis zum Anfang des 20. Jahrhunderts.

Die Einführung der lateinischen Schrift, Stichtag ist der 3. November 1928, änderte vieles und leitete eine neue Entwicklung ein, die bis heute noch nicht abgeschlossen ist. Der Islam spielt nicht mehr die Rolle wie bisher, und man ist stolz, Türke zu sein und türkisch zu sprechen. Die von Atatürk gegründete Institution „Türk Dil Kurumu" unternimmt systematisch den Versuch, so viele arabisch-persische Wörter wie möglich auszumerzen und durch alte türkische Wörter oder Neubildungen, die mit Hilfe türkischer Bestandteile geschaffen worden sind, zu ersetzen. Dennoch existieren viele arabisch-persische Wörter, die heute aber – ohne Rücksicht auf ihre Herkunft und Bildungsart – als unveränderliche Elemente benutzt werden.

Wichtige Schriftsprachen neben dem Türkei-Türkischen sind das Azeri oder Aserbeidschanische, von rund 2,5 Millionen in der gleichnamigen sowjetischen Volksrepublik gesprochen, und das Turkmenische, in der turkmenischen sowjetischen Volksrepublik von rund 1 Million Menschen gesprochen. Aus dem Tschaigataiischen, der osttürkischen Gruppe des Mitteltürkischen, hat sich das heutige Usbekisch in Taschkent, Samarkand, Buchara und China entwickelt. Alles in allem wird türkisch von rund 100 Millionen Menschen gesprochen.

In der Türkei ist türkisch Staatssprache und einzige zugelassene Literatursprache. Auch in der modernen Sprache spiegelt sich noch die geographische Lage des Landes als Bindeglied zwischen drei Kontinenten, Europa, Asien und Afrika, wider. Ihre Struktur, das grammatische Gefüge, stammt aus Mittelasien; und ein großer Teil des Wortschatzes stammt nach wie vor aus dem Arabischen und Persischen. Mit diesen Sprachen ist das Gedankengut des Islam in die Türkei gedrungen, und Wörter und Redensarten aus dem religiösen Bereich leben bei den Türken, die zum größten Teil Moslems sind, weiter. Im Mittelalter kamen Lehnwörter aus dem Italienischen bzw. Venezianischen hinzu. In der Neuzeit werden besonders in den technischen, wissenschaftlichen und anderen fachspezifischen Bereichen viele Lehnwörter aus dem Französischen, aber auch aus dem Englischen gebraucht.

Wortfügung und Satzbau des Türkischen sind von den indogermanischen Sprachen sehr verschieden. Die Gedanken werden durch völlig andere Strukturmodelle ausgedrückt, als sie in Europa bekannt und üblich sind. So ist es trotz der relativ leichten Aussprache – wenn man das türkische Alphabet mit einigen abweichenden Buchstaben kennt – nach den ersten, noch leichten Anfängen sehr schwer, türkisch perfekt zu beherrschen. Umgekehrt ist für Türken die deutsche Schriftsprache von Anfang an besonders schwierig zu erlernen. Hauptgrund der Lernschwierigkeiten für beide Teile ist, daß die türkische Sprache eine agglutinierende oder suffigierende ist, bei der die grammatischen Formen und somit die Sinnbildung durch Anhängung von Formelementen (Suffixe) an den Wortstamm entstehen. Eine Vokalverschiebung wie im Deutschen findet nicht statt. So müssen Lernende beider Sprachen völlig umdenken: gehen – gitmek; ich gehe – gidi-yorum; du gehst – gidiyorsun; er ging – gitmiş oder gitti. Wie für den Deutschen der sinnvolle Gebrauch der türkischen Zeiten äußerst kompliziert sein mag, so bereitet dem türkischen Schüler sowohl die Aussprache – es gibt im Türkischen keine zwei Konsonanten hintereinander: Plan wird also zu Pilan – als auch die Grammatik und die Rechtschreibung der deutschen Sprache enorme Schwierigkeiten.

V. Das kulturelle Leben

1. *Der Volkstanz*

Manche hethitische Steinreliefs stellen tanzende Menschen dar, deren Tanzschritte eine erstaunliche Ähnlichkeit mit denen heutiger Tänze haben. Ausgrabungen der ältesten hethitischen Stadtsiedlung des Nahen Ostens in Çatal Hüyük, südöstlich von Konya, 8000 Jahre v. Chr. haben wunderbar erhaltene Hausgeräte, Schmuckstücke, Krüge und farbige Wandbilder mit Tanzenden freigelegt, deren Haltung ebenfalls den Figuren und Schritten einiger heutiger Tänze entspricht. Die Tänze sind also sieben- bis achttausend Jahre alt und in vielem fast unverändert. Ebenso verhält es sich mit den Anlässen der Tänze; sie sind dieselben geblieben, sei es Liebe, Krieg, Sieg, Frieden, Tapferkeit, Erntedank oder religiöse Feste.

Die Türken sind ein tanzfreudiges Volk. Ihr Tanz hat nichts zu tun mit dem europäischen Gesellschaftstanz, den es in den Städten natürlich auch gibt, sondern dient dazu, Gefühle auszudrücken, und zwar in der Gemeinschaft. Jede Region in Anatolien hat ihre eigenen Tänze und Trachten, die deutlich die Merkmale der Landschaften und Menschen, bei denen sie entstanden sind, tragen. Gerade der nach wie vor gepflegte Brauch des Volkstanzes verdeutlicht das kulturelle Leben der betreffenden Region. So gibt es Tänze, die zumeist von Männern allein getanzt werden oder von Männern und Frauen getrennt, wie Horon und Zeybek, und solche, die von Frauen und Männern gemeinsam getanzt werden, wie Halay- und Bar-Tänze. Begleitende Instrumente sind oft nur Davul, Zurna, Pauke und ein althergebrachtes Blasinstrument, das mit einer Oboe aus Holz vergleichbar ist. Andere Tänze werden von Harmonika und Trompete oder anderen Instrumenten begleitet. Zu vielen Anlässen gibt es verschiedene Tänze; oft werden sie auch nur um der Geselligkeit und der Tanzfreude willen in den Dörfern getanzt. Ihr Brauch hat sämtliche geschichtlichen und kulturellen Entwicklungen in Anatolien ungebrochen überlebt und hat durch die osmanischen Eroberungen großen Einfluß auf die Volkstänze in den Balkanländern ausgeübt. Ihr Einfluß ist auch im Tanzstil des modernen Balletts in Ankara erkennbar.

2. Theater und Film

Bedeutend jünger und in mehr oder weniger enger Berührung mit europäischen Kunstwerken sind Schauspielkunst, Theater und Film in der Türkei entstanden. Mit französischen und italienischen Gastspielen, die im Zuge der Reformbestrebungen der türkischen Sultane im 18. Jahrhundert aufgeführt wurden und Gefallen im Sultan-Serail fanden, entstand das türkische Theater. Die ersten türkischen Ensembles wurden im 19. Jahrhundert gegründet. 1868 begann das Gedik-Ahmet-Paşa-Theater mit türkischen Aufführungen. Daneben setzte sich unvermindert der europäische Einfluß fort. Heute besteht das türkische Theater zunehmend aus eigenständigen Aufführungen, aber ebenso verfügt es über das gesamte klassische und moderne europäische Repertoir. Fast ausschließlich europäische Ballette und Operetten kommen zur Aufführung. Kenner betrachten das Ballett von Ankara als eines der wichtigsten zwischen London und Moskau. Zu den erfolgreichen Autoren des türkischen Theaters gehören, um nur einige zu nennen, Sermet Cağan, Güngör Dilmen, Haldun Taner, Nazim Hikmet mit den Stücken ,,Legende von der Liebe", ,,Josef im Aegypterland" und anderen, die zum Teil auch auf deutschen Bühnen aufgeführt werden,und Orhan Asena mit seinen historischen Stücken wie ,,Hürrem Sultan".

Mit dem Begriff „Türkischer Film" ist für den deutschen Kinogänger unweigerlich der Name Yilmaz Güney verbunden, bzw. stehen dessen Filme *Yol* (Der Weg), der 1982 beim Cannes Filmfestival mit der goldenen Palme ausgezeichnet wurde, und *Duvar* (Die Mauer) für den Film in der Türkei. Bis zu Yilmaz Güney, der bis zu seinem Tod in Europa im Exil lebte und diese seine letzten beiden Filme schon in Europa gedreht hat, war es allerdings ein langer Weg. Lütfi O. Akad, der Altmeister des Türkischen Films, begann 1950 vom poetischen Realismus des französischen Films und vom Schwarzen Film des amerikanischen Kinos beeinflußte Filme zu drehen, für die er aber die Ideen aus der Realität seines Landes nahm. Nach ihm lieferten andere junge Regisseure in den 60er Jahren Beispiele des „neuen türkischen Kinos", die keine Nachahmungen von amerikanischen Filmen mehr waren, sondern eigenständige Produktionen für das kinobegeisterte türkische Publikum. Nach 1960 lockerte sich die Praxis der Zensur etwas, so daß Filme wie *Trockener Sommer* (1964), mit dem Goldenen Bären in Berlin ausgezeichnet, *Bitteres Leben* von Metin Erksan, *Endloser Weg* (1966) von Duygu Sağiroğlu und andere gedreht und gespielt werden konnten. Eine erneute Verschärfung der Zensur und, seit 1968, die Konkurrenz des Fernsehens hatten zur Folge, daß viele amerikanische, italienische und französische Plagiate produziert wurden, während der türkische Film der 70er Jahre in eine Krise geriet. Lütfi Ömer Akad und Yilmaz Güney, der früher Schauspieler gewesen war, drehten trotz aller Schwierigkeiten in dieser Zeit einige der besten türkischen Filme überhaupt, wie z. B. *Dere* (Der Fluß) und *Die Hochzeit* von Akad und von Güney *Arkadaş* (Der Freund) und *Umut* (Die Hoffnung).

Um den Bekanntheitsgrad des türkischen Films in der Bundesrepublik, wo er in den letzten Jahren einen gewissen Interessentenkreis erobern konnte, zu erhöhen sowie um die Bedarfslücke der hier lebenden Türken nach qualitativ guten, sozial- und gesellschaftskritischen Filmen einigermaßen decken zu können, wurde ein erster Schritt unternommen. Es wurde vom 24. 4. bis 29. 4. 1990 in Essen ein Filmfestival „Neuer Türkischer Film" mit der Unterstützung des Kultusministeriums des Landes Nordrhein-Westfalen veranstaltet. Während dieses 5tägigen Filmfestivals wurden über 50 Filme gezeigt, mehrere Podiumsdiskussionen mit aktiver Beteiligung von berühmten türkischen Schauspielern, Produzenten und Regisseuren durchgeführt. Daß dieses Filmfestival von über 3000 Personen besucht wurde, ist ein Zeichen dafür, daß der Bedarf an solchen Kulturveranstaltungen in der BRD sehr groß ist.

Zwischen Film und Theater stehen die beliebten und unveränderten Spiele wie Kara göz, ein Schattenspiel, das dem Kasperle-Spiel auf gehobener Ebene vergleichbar ist, und Orta Oyunu, bei denen es keine Trennung von Schauspielern und Zuschauern gibt. Jeder ist Zuschauer und Mitspieler zugleich.

3. Religiöse Feste

Den größten prägenden Einfluß auf das tägliche Leben und die Sitten und Bräuche der Türken hat immer noch der Islam.

Religiöse und familiäre Feste spielen im Leben der Türken eine viel größere Rolle als bei den Europäern. So sind, um Beispiele zu nennen, Hochzeitsbräuche und -vorbereitungen immer noch ein willkommener Anlaß für die Frauen, sich im Hamam von den Strapazen der Vorbereitungen auszuruhen und zu verschönern. Sie sind schon vorher ein gesellschaftliches Ereignis und ein willkommener Anlaß zur Kommunikation. Eine Hochzeit auf dem Dorf, bei der drei Tage gefeiert wird – zunächst feiern die Familien von Braut und Bräutigam getrennt, bis die Trauung vollzogen wird – ist mit einer noch so pompösen Bauernhochzeit in Europa nicht zu vergleichen. Selbst die türkische Stadthochzeit ist es nicht, obwohl es dort etwas Ähnliches wie den Polterabend gibt und die Hochzeit, selbst in relativ kleinem Rahmen, oft europäisch in Weiß gefeiert wird. Die Aufteilung, daß der Mann das Wohnzimmer, die Frau die Küchen- und Schlafzimmereinrichtung mit in die Ehe bringt, wird noch ziemlich starr eingehalten. Insgesamt sind viele Bräuche aufgeweicht und von weniger aufwendigen europäischen Sitten unterwandert, aber viele blieben unverändert, werden in der Fremde strenger als in der Heimat gehandhabt, und europäische Elemente werden höchstens da zugelassen, wo sie bereichern, aber auf keinen Fall stören.

4. *Kunsthandwerk*

Wenn auch zu spät, da kaum noch Manufakturen für den Export bestehen, entdeckten die Europäer, besonders die Deutschen, ihr Interesse für türkische Teppiche wieder, nachdem sie es im 18. Jahrhundert vorübergehend zugunsten von Chinoiserien verloren hatten. Neben der Knüpfkunst gibt es noch andere Textilkunst aus Samt und Seide sowie Samtbrokate. Darüberhinaus liefert die Architektur weitere Zeugnisse der hohen künstlerischen und geistigen Kultur des Osmanischen Reiches. Die Moscheen mit ihren Minaretten und hohen Kuppeln, einzig Allah zu Ehren erbaut – ein besonders schönes Beispiel ist die von dem großen türkischen Baumeister Sinan unter Selim II. erbaute Selimiye in Edirne –, aber auch Profanbauten wie unzählige, zum Teil heute noch befahrbare Brücken, Bäder-, Brunnenanlagen, Aquädukte und Burgen wie Rumeli Hisari am Bosporus, der Topkapi-Serail in Instanbul, der vier Jahrhunderte lang als Residenz der Sultane diente, zeugen von der hohen Baukunst des Osmanischen Reiches. Desgleichen Fayencen, Keramiken und Miniaturmalerei.

5. *Musik und Literatur*

Die geschichtliche Entwicklung der Musik in der Türkei verläuft, ähnlich wie die der Lyrik, auf zwei Ebenen, der klassischen und der volkstümlichen, wobei der europäische Begriff der klassischen Musik nicht angewandt werden kann. Die türkische klassische Musik basiert auf der Divan-Poesie, während die Volksmusik auf der Volkspoesie beruht. Der große persische Mystiker und Gründer des Derwisch-Ordens Mevlâna Celaleddin, 1207 bis 1273, übte einen entscheidenden Einfluß auf die Dichtung des osmanischen Mittelalters aus und führte die Musik in die Mystik ein. Die Motive der klassischen Musik und der Divan-Literatur sind Liebe, Rosen, Wein, Nachtigall und Ähnliches. Die Stropheneinheiten (Ghazel) sind zweizeilig; es gibt aber auch vier- und mehrzeilige.

Am Hofe des Sultan Murat II., dessen Sohn Mehmet Istanbul

eroberte, entstand in der ersten Hälfte des 15. Jahrhunderts zum ersten Mal ein Zentrum für Literatur, Musik und islamische Wissenschaften. Die Divan-Literatur, auch von den Nachfolgern dieses Sultans geehrt und gefördert, erlebt neben der klassischen Musik eine ihrer größten und schönsten Epochen, die Lâle Devri (Tulpen-Epoche). Meister der höfischen Divan-Poesie in der Tulpen-Epoche von 1718 bis 1730 ist Nedim. Diese Epoche süßen, ausschweifenden Lebens, natürlich nur im Serail, wurde von einem Aufstand beendet. Während der Herrschaft Selims III. in der zweiten Hälfte des 18. Jahrhunderts schuf Hamamizade Ismail Dede Efendi die schönsten Beispiele klassischer Musik. Seine Werke und die seiner Schüler werden noch heute in der Türkei gespielt und gehört.

Unabhängig von den Divan-Dichtern haben die Volksdichter bzw. -musiker ihre eigenen Motive gehabt und lyrische Lieder, Erzähllieder, Arbeitslieder, Tanzlieder oder auch satirische und spöttische Lieder verfaßt und unter Saz-Begleitung (ein seit Jahrhunderten unverändertes Saiteninstrument) dargeboten. Ihre Lieder, hervorragende Zeugnisse poetischer Ausdrucksweise, sind im Gegensatz zur Divan-Literatur sowohl dem damaligen als auch dem heutigen Leser leicht zugänglich, weil sie der Umgangssprache entstammen. In den sechshundert Jahren von Yunus Emre, dem Mystiker und Volksdichter aus dem 13. Jahrhundert, kann eine direkte Entwicklungslinie verfolgt werden bis zu dem 1973 verstorbenen Aşik Veysel, einem der letzten Volksdichter, der seine Gedichte in vierzeiligen Strophen dichtet und schrittweise von einer Strophe zur nächsten entwickelt, oder volkstümliche Epen verfaßt, den europäischen Balladen vergleichbar, in denen von Liebe, aber auch von gesellschaftlichen Ereignissen erzählt wird. Die wohl meistgelesene türkische religiöse Dichtung stammt von Suleiman Çelebi und ist ein rund achthundert Zweizeiler umfassendes Werk, das 1409 abgeschlossen wurde. Aus dem *Mevlid,* einem Lobgedicht auf den Propheten, wird seit Jahrhunderten, und auch noch heute, bei vielen religiösen Anlässen wie etwa dem Sünnet, der Beschneidung, oder dem vierzigsten Todestag eines Verwandten, gelesen.

Alles in allem ist die türkische Literatur von ihren Anfängen an, in den Epen und Balladen des Mittelalters und der Divan-Literatur des Osmanischen Reiches bis hin zur Medrese, eine hoch stilisierte Literatur, deren Wortschatz durch den großen Anteil an arabischen und persischen Lehnwörtern, und dessen geistiger Gehalt durch die islamische Religion geprägt ist. Die Epen und Balladen werden den Schülern heutzutage in den weiterführenden Schulen vermittelt.

Durch die Schreibreform Atatürks erfuhr auch die Literatur einen Bruch, wenn nicht einen Neuanfang. Der Beginn der modernen türkischen Literatur ist jedoch nicht unbedingt auf das Jahr 1923 festzulegen, sondern liegt viel früher, in der Zeit des Tanzimats ab 1839. Während bis zu diesem Zeitpunkt fast alle Dichter ihren Ruhm auf einen Mäzen gründen konnten, durchbricht Tevfik Fikret (1867 bis 1915) als erster diesen Brauch. Vor allem sprengt er die mittlerweile erstarrten Formen und zum Klischee gewordenen Gehalte der Divan-Dichtung und stellt dadurch, daß er sich der Umgangssprache bedient, die gesamte Literatur und Lyrik der höfischen Dichtung in Frage. Durch seine neue osmanische Sprache und die Vielfalt neuer Themen, die er aus dem täglichen Leben nimmt, setzt er Impulse, die, obwohl seine Sprache heute total veraltet ist, bis in die derzeitige Literatur der Türkei wirksam sind. Deshalb soll er hier besondere Erwähnung finden.

Die grundlegenden Änderungen der türkischen Staats- und Gesellschaftsordnung im 19. und 20. Jahrhundert wirken sich stark auf die Literatur aus. Die Gründung der Republik schließlich bedeutet das Ende des höfischen Divan und somit auch das Ende der zweigeteilten Literatur. Divan-Poesie und Volksliteratur bilden für die sich neuentwickelnde Lyrik und Prosa eine gemeinsame Grundlage. Sie hören mit Y. K. Beyatli (1884 bis 1958) und Ahmet Haşim (1885 bis 1933) jedoch auf, weil sie in die Staatsstruktur und Sprache des Osmanischen Reiches unzertrennlich eingebettet gewesen waren. Eine Phase der Rückbesinnung bedeutet die Dichtung Behçet Necatigils (1916 bis 1979) und Attila Ilhans (geb. 1925).

Die totale Eigenständigkeit ohne jegliche thematische Einschränkung gelang Nazim Hikmet. Weit über die Türkei hinaus gehört er, trotz rein anatolischer Prägung seiner Thematik, zu den eindrucksvollsten und größten Dichtern dieses Jahrhunderts. Wichtigste Merkmale seiner Dichtung sind der unmittelbare Bezug zur Wirklichkeit und die Umsetzung der gesprochenen Sprache in Poesie. Ganz im Gegensatz zu ihm standen Orhan Veli (1914 bis 1950) und andere, weil sie es ablehnen, wie Nazim Hikmet eine Synthese aus tradierten und neuen Formen zu bilden und einen totalen Bruch mit Bisherigem unter den Vorzeichen Wörtlichkeit und Spontaneität verfolgen. In den dreißiger und vierziger Jahren gab es auch noch das gemeinsame Programm einer Poetengruppe, die sich die ,,Fremdartigen" nannte, doch löste sich diese Gruppe bald auf und jeder der Dichter ging seinen Weg. Zu den ,,Garip"-Dichtern, den ,,Fremdartigen", die als die ersten Neuen in die türkische Literaturgeschichte eingehen, gehören u. a. Attila Ilhan und Cahit Kulebi, der sich, von den Hochebenen Inneranatoliens kommend, in seiner Lyrik gegen Entfremdung und gegen eine Assimilierung in den Städten wehrt. Attila Ilhan ist ein bedeutender Prosaautor von zeitkritischen Romanen und gesellschaftskritischen Essays sowie Reiseaufzeichnungen.

Es bildet sich eine Literatengruppe der ,,zweiten Neuen", die sich gegen die Trockenheit und volkstümliche Einfachheit der ersten wendet. Ihre Sprache ist verschlüsselt, und sie nehmen einen vordergründigen Bruch mit dem Leser in Kauf. In den 60er und 70er Jahren versucht eine jüngere Generation von Autoren, unter dem Einfluß der bisher beschriebenen Strömungen, zu eigenen Arbeiten zu gelangen. Ihre Dichtung zeichnet sich durch soziales Engagement und sprachliche Eigenständigkeit aus. Realistische Betrachtungen des Lebens und eine klare Sprache kennzeichnen die Kurzgeschichten von Ömer Seyfettin (1884 bis 1920). Er zählt zu den bedeutendsten Vertretern der türkischen Kurzprosa, die von Erzählern wie Sabahattin Ali (1906 bis 1948) und Saît Faik (1906 bis 1954) in den 40er und 50er Jahren geschaffen wurde. Sie erzählen von Arbeiterinnen, Arbeitslosen, Fischern in Istanbul oder vom kleinen Mann in Anatolien, der in die Ordnung der türkischen Gesellschaft eingezwängt ist.

Diese Themen beschäftigen auch viele andere türkische Autoren. Der Mensch in den sozioökonomischen Verhältnissen einer Übergangsgesellschaft wurde zum Mittelpunkt und zentralen Thema der heutigen türkischen Literatur, die sicher nicht nur in den 50er und 60er Jahren unter dem Einfluß westeuropäischer Autoren stand. Die neue Tendenz bestimmen nicht zuletzt Frauen wie Pinar Kür, Füruzan und andere, deren Themen die türkische Gesellschaft und der türkische Mensch schlechthin wie auch die Situation der Frau innerhalb dieser Verhältnisse sind. Diese Frauen schreiben neben Erzählungen und Kurzgeschichten auch Romane; als Beispiel sei nur Füruzans Roman „47er Jahrgang“ von 1974 genannt.

Bizim Köy (Unser Dorf), die Aufzeichnungen des Dorflehrers Mahmut Makal (geb. 1933), bilden den aufsehenerregenden Auftakt zu einer Reihe bedeutender Romane. *Die Rache der Schlangen* von Fakir Baykurt (1959) und *Ince Mehmed* (Mehmed, mein Falke) von Yaşar Kemal sind in dieser Fülle von zeitgenössischen türkischen Romanen besonders zu erwähnen. Makal machte aufgrund seines Romans Bekanntschaft mit dem Gefängnis. Fakir Baykurt und Yaşar Kemal leben im europäischen Ausland, wo ihre Romane und Veröffentlichungen zur Zeit mehr gelesen werden als in ihrer Heimat. Orhan Kemals *Murtaza* (1952) stellt ergreifend die Probleme des Übergangs von Agrar- zur Industriestruktur und der davon betroffenen Industriearbeiter dar, die ohne jede soziale Sicherheit leben. Aziz Nesin (geb. 1915) zählt zu den besten satirischen Schriftstellern der Welt und ist mit vielen internationalen Preisen ausgezeichnet worden. Außer den genannten leben noch andere türkische Schriftsteller im Exil, u. a. in Deutschland. So entsteht zur Zeit eine türkische Literatur im Ausland, die sich in zunehmendem Maße der türkischen Migration annimmt oder sich anderen türkischen Themen widmet. Zum Typ der Migrantenliteratur gehört *Alman Ekmeği* (Deutsches Brot) von Bekir Yıldız. Es ist eine der ersten Schilderungen eines jahrelangen Gastarbeiterdaseins, wobei versucht wird, das in Deutschland Erlebte literarisch zu verarbeiten.

Zu der wachsenden Zahl türkischer Autoren in Deutschland gehören u. a. auch Aras Ören (geb. 1939), der in der Bundesrepublik bekannter ist als in der Türkei, Güney Dal und Habib Bektaş. Diese Schriftsteller befassen sich nicht nur mit literarischen Veröffentlichungen, sondern kümmern sich auch auf politischer Ebene um ihr Schicksal und das ihrer Landsleute. Stellvertretend für die neue türkische Literatur in Deutschland soll noch Yüksel Pazarkaya genannt werden, dessen *Rosen im Frost* und *Spuren des Brots* neu erschienen sind. Das Entstehen einer ausgesprochenen Exilliteratur bringt es mit sich, daß auch einige Verlage entstehen wie der Onel-Verlag in Köln und der Dağyeli-Verlag in Frankfurt, die sich gewissermaßen als Hausverlag der türkischen Schriftsteller annehmen und sehr bewußt Öffentlichkeitsarbeit im Hinblick auf den deutschen Leser leisten, z. B. durch die Veröffentlichung mancher Texte in sowohl deutscher als auch türkischer Sprache.

VI. Der Islam

1. Die Islamisierung Anatoliens

In Europa hat die Religion neben anderen Bereichen wie Arbeit oder Freizeit einen bestimmten, klar umrissenen Stellenwert, im Orient beherrscht und durchdringt sie jeden Lebensbereich. Nur so konnten alte Kulturen wie die Ägyptens und Syriens ihre eigenständigen Sprachen zugunsten der Sprache des Korans, dem Arabischen, aufgeben. Seit dem 12. Jahrhundert, mit dem Eindringen türkischer Nomadenstämme nach Kleinasien, beeinflußte der Islam auch die Kultur und Gesellschaft Anatoliens, wenn er nicht sogar ihr Hauptantrieb war. Mit dem Derwisch-Orden Celaleddins im 13. Jahrhundert eroberte er sich, obschon in einer bestimmten Richtung, einen Einfluß ersten Ranges am osmanischen Hof in Konya und somit im gesamten späteren Osmanischen Reich, das jahrhundertelang das Zentrum der islamischen Welt war und dessen Sultane auch deren religiöses Oberhaupt waren. Nach dem endgültigen Zerfall des Osmanischen Reiches wurde die Türkei zum laizistischen Staat nach westlichem Muster. Das Kalifat wurde aufgegeben – der Islam hat seitdem kein weltliches Oberhaupt mehr –, der neue türkische Staat ist streng von der Religion als Institution getrennt.

Doch dieser einschneidende Eingriff in die religiöse, geistige und politische Tradition der Türkei konnte trotz der Erfolge von M. K. Atatürk die islamische Gesellschaftsordnung und das von ihr geprägte Denken nicht wesentlich ändern. In der Zeit nach dem

Abb. 7: Die Sultan-Ahmet-Moschee („Blaue Moschee") aus dem 17. Jahrhundert gehört zu den schönsten Moscheen Istanbuls und ist die einzige mit 6 Minaretten. Die Kacheln der Innenverkleidung sind überwiegend in Blau gehalten.

Zweiten Weltkrieg hat der Islam, besonders auf dem Land, wieder an Bedeutung und Einfluß zugenommen. Über 99 Prozent der heutigen Bevölkerung sind Moslems. Durch die Rückbesinnung auf historische und religiöse Traditionen werden der Lebensrhythmus und die Lebensgewohnheit der meisten Türken wie eh und je von der Religion bestimmt, ebenso die Stellung der Frau. Darüber hinaus gewinnt der Islam zunehmend an politischem Einfluß und orientiert sich an einer antiwestlichen, religiös geprägten Staatsordnung. Trotzdem hat der Islam in der politischen Willensbildung bisher keine Dominanz gewonnen.

2. Wichtige Feste des Islam

Die islamische Zeitrechnung beginnt mit der Geburt des Propheten; das islamische Jahr wird nach dem Mondwechsel berechnet. Jeder Monat hat deshalb 29 oder 30 Tage. Damit ist das islamische Jahr kürzer als das europäische Kalenderjahr, das in der Türkei seine Gültigkeit hat. Deshalb verschieben sich die an bestimmten Tagen im Mondjahr liegenden Feste von Jahr zu Jahr. Unter den religiösen Festen, die von allen Gläubigen begangen werden, ist der *Ramadan,* der Fastenmonat im neunten Monat des Mondjahres, das hervorragendste, wenn auch nicht das höchste. Im Ramadan fastet ein Großteil auch der arbeitenden Bevölkerung vom Sonnenaufgang bis zum Sonnenuntergang. Dazwischen darf getrunken und gegessen werden. Neben dem Fasten, der Buße und Umkehr wird auch in Dankbarkeit der göttlichen Offenbarung gedacht. Der *Ramadan* wird mit dem *Şeker Bayramı,* dem Zuckerfest, beendet, bei dem Familien, Verwandte und Nachbarn sich besuchen, die Kinder mit Süßigkeiten und Geld beschenkt werden. Das Zuckerfest kann, nicht in seiner religiösen, aber in seiner gesellschaftlichen Bedeutung, in etwa mit Weihnachten verglichen werden. Am *Kurban Bayramı,* dem Opferfest, wird Abrahams, der aus Gehorsam zu Gott seinen Sohn opfern wollte, gedacht und seine Geschichte in einer Feier nachvollzogen, indem man einen Hammel schlachtet und ein großes Mahl gemeinsam mit allen Familienangehörigen einnimmt, weil Gott Abrahams Sohn verschonte und ihn statt dessen einen Hammel schlachten ließ. Das Kurban-Fest ist das höchste im Islam.

Wie das religiöse Jahr von den Festen bestimmt wird, so wird der Tagesablauf der gläubigen Muslime von dem fünfmaligen Gebet bestimmt. Auf dem Land wird dieser Rhythmus streng befolgt, in der Stadt ist dies aufgrund der Arbeits- und Berufsverhältnisse kaum möglich. Dort wird das rituelle Gebet am Abend verrichtet, was nach Möglichkeit in der Gemeinschaft geschehen soll, besonders am Freitag. Der Besuch des Freitagsgebets in der Cami (Moschee), bei dem der Imam predigt, wird von den meisten Moslems sehr ernst genommen.

3. Die Stellung der Frau

„Die Frau ist das höchste Gut des Mannes auf Erden, das er aus diesem Grund behüten und gut behandeln soll." Zwar sehr frei, aber sinngemäß korrekt wiedergegeben, steht dies im Koran. Natürlich könnten auch Suren, die weniger frauenfreundlich aufzufassen sind, angeführt werden, wie die, in der gesagt wird, daß der Mann das Haupt der Familie ist und die Frau ihm gehorchen soll. Tatsache ist, daß nach der türkischen Verfassung zwar Mann und Frau gleichberechtigt sind, diese Gleichberechtigung aber sicher noch nicht zur Landbevölkerung durchgedrungen ist und die Stellung der Frau in den Familien, in der Stadt wie auf dem Land, mehr den traditionellen islamischen Vorstellungen entspricht. Die Stellung der Frau in der Türkei ist gewiß eine vollkommen andere als die der Frau in Mitteleuropa, sie ist aber deshalb nicht unbedingt eine schlechtere. Zwar bestehen andere moralische Forderungen an die Türkin, zwar gibt es in Haushalt und Familie Anforderungen an sie, die in der Bundesrepublik auch noch bestehen, dies bedeutet jedoch nicht, daß die Türkin etwa nur „bedeckt" aus dem Haus gehen darf und dies auch nur, wenn es notwendig ist. Wenngleich der Islam ein stark rollengeprägtes Frauenbild zeichnet, so ist dies in den türkischen Städten doch den modernen Gegebenheiten angepaßt wie in Europa, während es auf dem Land allerdings noch seine volle Gültigkeit besitzt.

In der Bundesrepublik verschlechtert sich allerdings die Situation der türkischen Frau in verschiedener Hinsicht. Der Rahmen der Großfamilie des Dorfes oder der städtischen Nachbarschaft fällt weg; die Möglichkeit, die Freizeit mit anderen Frauen zu verbringen, oder anderer Kommunikation fallen weg oder verringern sich durch die neuen Wohnbedingungen erheblich; der Einfluß der Verheirateten auf ihren Mann und ihre Kinder schwindet durch ihre eigene Berufstätigkeit und die Schule. Hier stellt sich, vor allem für Tiefgläubige, die Umwelt der Europäer als besonders feindlich dar, so daß Sitten und Gebräuche der Heimat und die Regeln des Anstands bedeutend strenger verfolgt werden als dort, was unter anderem eine große Vereinsamung der Frau zufolge hat.

Dieser Rückzug auf die alten Traditionen und den Glauben ist eine konsequente Gegenreaktion auf die äußerst begrenzten Möglichkeit der Moslems, ihren Glauben in der Arbeitswelt der Bundesrepublik zu praktizieren. Das uneingeschränkte Recht auf freie Religionsausübung geht von christlichen und anderen Religionen aus, deren Praxis mit wenig Aufwand verbunden ist und deren Gläubige mit ihrer Religion freier umgehen. Für einen Türken ist es so gut wie unmöglich, die Gebetszeiten an seinem Arbeitsplatz einzuhalten; nur wenige Betriebe können oder wollen ihren türkischen Arbeitnehmern Räume für das Gebet und die vorherige „Aptes", die Waschung, zur Verfügung stellen, weil dies eine zu häufige Unterbrechung des Produktionsprozesses bedeute, die in manchen industriellen Betrieben gar nicht möglich sei. Eine noch größere Schwierigkeit stellt für beide Seiten, Arbeitnehmer und Arbeitgeber, der Ramadan, die Fastenzeit dar. Denn viele türkische Arbeitnehmer versuchen, trotz Schwerstarbeit das Fasten einzuhalten, was eine hohe Unfallquote am Arbeitsplatz aufgrund von Ermüdung und Erschöpfung zur Folge hat. Eine Antwort auf die Problematik der islamischen Speisevorschriften sind viele türkische Lebensmittelgeschäfte, besonders im Ruhrgebiet. Viele Arbeiter, besonders der ersten Generation, essen nach wie vor nicht in der Kantine oder dort nur Kartoffeln und Gemüse, aus Furcht, in den Speisen könnte Schweinefleisch enthalten sein. Es haben sich regelrechte Schlachtgemeinschaften gebildet, in denen mehrere Familien gemeinsam ein Rind oder einen Hammel kaufen und das nach den Vorschriften des Korans geschlachtete Tier teilen.

Ein größeres Problem stellt für viele Moslems die Glaubensunterweisung ihrer Kinder, im Islam Aufgabe der Eltern, dar. Sie finden keine geeignete Lehrkraft, die sie engagieren könnten oder müßten, da sie selbst oft wenig von ihrem Glauben verstehen oder Analphabeten sind, bzw. keine arabische Schrift lesen oder schreiben können, in welcher allein aus dem Koran gebetet werden darf. Vor allem dieses letzte Problem haben sich türkische Organisationen, die Koranschulen betreiben, zunutze gemacht. Für sie gibt es in der Bundesrepublik keinerlei Kontrollen oder gesetzliche Bestimmungen, während sie in der Türkei einer strengen staatlichen Kontrolle unterstehen. Dort dürfen nur Kinder, die die Grundschule bereits besucht haben, also wenigstens elf oder zwölf Jahre alt sind und über eine behördliche Erlaubnis verfügen, zum Koranunterricht gehen. In der Bundesrepublik wird der Koranunterricht schon von einer großen Anzahl türkischer Grundschüler besucht. Der von Hocas erteilte Unterricht wird sehr autoritär abgehalten und zwar von Lehrkräften, die weder einen Unterrichtsauftrag noch eine theologisch-pädagogische Lehrbefähigung besitzen. Oft kennen sie nur einen größeren Passus aus dem Koran auswendig, Korantexte übersetzen und erklären können sie, bis auf wenige Ausnahmen, nicht. Schon deshalb sind sie darauf angewiesen, durch körperliche Züchtigung die Disziplin in ihrem Unterricht aufrechtzuerhalten. Dahinter steht zusätzlich noch die konservative bis reaktionär rechts gerichtete, politische und religiöse Weltanschauung der Schulträger. Der Lehr- und Lernstil sowie insbesonders die Lehrinhalte bringen die Schüler in große Konflikte mit ihren deutschen Lehrern und Mitschülern und dem dort gebotenen Lernstoff. Wenn sie sich gemäß den Vorschriften der Koranschule verhalten, gelangen sie unweigerlich in eine schwer zu durchbrechende Isolation und haben kaum Möglichkeiten, sich in ihre deutsche Umwelt zu integrieren.

Neben den frommen und streng praktizierenden Moslems, die

in erster Linie ihre Kinder in die Koranschulen schicken und den dort zugrundeliegenden religiösen und politischen Konservatismus teilen, gibt es auf der anderen Seite eine nicht sehr große Anzahl Gleichgültiger, die kein Interesse am Islam zeigen und ihn nicht mehr praktizieren. Dazwischen besteht noch eine große Gruppe liberaler Moslems, die gläubig sind, aber versuchen, sich mit ihrem Glauben in deutschen Lebensverhältnissen einzurichten. Zwischen den drei Gruppen bestehen große Spannungen. Die frommen Moslems beschimpfen alle liberalen als „unechte" Moslems und beanspruchen für sich, den wahren Islam zu vertreten, während sie die Gleichgültigen als Kommunisten abstempeln. Diese bezeichnen ihrerseits alle Strenggläubigen, ohne zu differenzieren, als Faschisten und fordern ein Verbot islamischer Vereinigungen. Um eine weitere Vertiefung der Isolation innerhalb der hiesigen Gesellschaft zu vermeiden und einen gemeinsamen Weg der Türken zur Integration zu finden, müßten die verschiedenen Gruppierungen untereinander mehr Toleranz aufbringen. Sie müßten versuchen, eine Interpretation des Korans zu finden, die eine adäquate Glaubenspraxis in der Bundesrepublik ermöglicht. Diese Toleranz aufzubringen, wird wahrscheinlich das größte Problem sein.

Eine Novität bezüglich der rechtlichen Stellung des Islams in der Bundesrepublik Deutschland stellt der Versuch der islamischen Organisationen dar, den Islam neben dem Christentum zu einer offiziell anerkannten Religion zu machen. Mitte 1990 stellte die Organisation Milli Görüs (Nationale Sicht) bei der Landesverwaltung Nordrhein-Westfalen einen Antrag auf staatliche Anerkennung des Islams, den sie mit 35000 Unterschriften untermauerte.

Die Konsequenzen einer staatlichen Anerkennung des Islams sowie der Anerkennung der Organisation Milli Görüs als Trägerinstanz der islamischen Religion wären, daß alle Moslems, die in der Bundesrepublik leben und arbeiten, eine ähnliche Steuer wie die Kirchensteuer zu entrichten hätten, es sei denn, sie würden offiziell ihre Abkehr vom Islam kundtun. Eine Hochrechnung weist in diesem Falle auf einen Steuerertrag in Höhe von ca. 160 Mio. DM hin, der in die Kasse der Organisation Milli Görüs fließen würde.

VII. Das Bildungs- und Erziehungssystem

Obwohl die Kultur des Osmanischen Reiches eine reiche Volkspoesie hervorgebracht hat und der Hof seit Murat II. ein Zentrum der bildenden Künste war, an welchem die hochstilisierte Divan-Literatur entstanden ist, existierte keine Bildungspolitik im Hinblick auf das Volk. Schon früh eingerichtete Schulen (Medresen), Ausbildungsstätten für Ärzte und andere gehobene Berufe, waren ausschließlich jenen Gesellschaftsschichten vorbehalten, die sich privat eine Grundbildung leisten, z. B. die schwere arabische Schrift aneignen konnten. Die Land- und Stadtbevölkerung blieb von jeder Bildung ausgeschlossen bzw. blieb deren Bildung auf religiöse Unterweisung durch örtliche Imams beschränkt. Die Volksdichtung verbreitete sich lange Zeit nur mündlich.

Die Reformen Kemal Atatürks seit 1923 waren der eigentliche Beginn einer Bildungspolitik. Sie hatte u. a. zum Ziel, jedem Türken zumindest Schreiben und Lesen beizubringen. Bahnbrechend für die neue Erziehungspolitik war die Abschaffung der arabischen Schrift zugunsten der lateinischen, die mit ihren 29 Buchstaben endlich einer breiten Bevölkerungsschicht die Möglichkeit zur Bildung, Information und Teilnahme am gesellschaftspolitischen Leben bot. Ebenso wichtig war die gleichzeitige Verkündigung der allgemeinen Schulpflicht in den 20er Jahren. Schulen, weiterführende Schulen und mehr Universitäten wurden eingerichtet, Lehrer in die bildungsmäßig völlig unerschlossenen Ostgebiete der Türkei geschickt. Schulbesuch und Studium standen und stehen zumindest theoretisch jedem türkischen Kind und Jugendlichen unentgeltlich offen. Die Analphabetenquote des Jahre 1930 von 80 Prozent konnte bis 1984 erheblich gesenkt werden. 1984 betrug sie nur noch 25,8 Prozent, wobei allerdings darauf hingewiesen werden muß, daß die Analphabetenquote unter den Frauen mit 37,5 Prozent weit über der der Männer (14,1 Prozent) lag. Dennoch sind die damaligen Fortschritte in der Bildungspolitik nicht zu übersehen.

Trotzdem stellten sich eine Menge von Problemen in den Weg. So ist das Bildungsniveau der heutigen Türkei trotz aller Bemühungen noch weit unter dem europäischen Durchschnittsniveau. Eines der Probleme, das sich einer schnelleren Lösung entgegenstellt, ist die große Ausdehnung der kleinasiatischen Halbinsel und ihre geographische Beschaffenheit. Dementsprechend besteht ein starkes Ost-West-Gefälle im Bildungsniveau, ebenso wie ein starkes Stadt-Land-Gefälle. Weitere Problemfaktoren sind die immer noch hohe Analphabetenquote bei den Älteren und bei den Frauen, eine konservative bis ablehnende Haltung in weiten Teilen der Bevölkerung der westlichen Bildung gegenüber und schließlich eine mangelnde Bildungsinfrastruktur, Lehrermangel und Schulraumnot: Faktoren, die sich gegenseitig bedingen. Obwohl die Bildungserwartung türkischer Eltern für ihre Kinder, in erster Linie für die Jungen, im allgemeinen hoch ist und die Eltern bei guten Schulnoten schnell bereit sind, ihr Kind zu weiterführenden Schulen und zum Studium zu schicken, wird dies auf dem Land nur in den seltenen Fällen realisiert. Die Schulen sind zu weit entfernt, die Kosten für einen Schulbesuch untragbar hoch. Zudem werden die Kinder frühzeitig als Arbeitskraft gebraucht.

Vorschulerziehung wird in den Städten durchweg angeboten, meist in den Räumlichkeiten der Grundschule. Sie bietet eine einjährige spielerische Vorübung zum Schulbesuch. Ihr Besuch ist freiwillig. Seit 1981 bestehen in der Türkei zwei Schulsysteme nebeneinander. An ca. 200 Schulen ist ein neues, vereinfachtes und gleichzeitig die Pflichtschulzeit verlängerndes Schulsystem eingeführt worden. Das bisherige und das neue Schulsystem sind stufenförmig aufgebaut und weitgehend durchlässig.

Im *Primarbereich* gibt es eine fünfjährige Grundschule, *İlkokul,* bei der zwischen Stadt- und Landschulen unterschieden wird. Wegen der Erntezeit haben die Landkinder offiziell 30 Tage länger Ferien im Jahr als die Stadtkinder. Diese Schule wird vom sechsten/siebten Lebensjahr an besucht. Bisher unterlagen lediglich diese fünf Grundschuljahre der Schulpflicht. Elfjährige Kinder, die in einem Handwerksbetrieb arbeiten oder in der Landwirtschaft voll eingesetzt werden, sind daher in der Türkei keine Seltenheit.

Im *Sekundarbereich* folgt der Grundschule eine dreijährige einheitliche *Ortaokul* (Mittelschule), mit der für viele Schüler die Bildung abgeschlossen ist. Alternativ zur Mittelschule werden Berufs- oder Fachschulen, Landwirtschaftsschulen und Priester- oder Predigerschulen angeboten, die sich in einem zweiten Abschnitt des Sekundarbereichs über einen Zeitraum von drei Jahren fortsetzen. Alternativ kann nach dreijähriger *Ortaokul* das ebenfalls dreijährige allgemeinbildende *Lise* (Gymnasium) besucht werden oder auch das Handelsgymnasium bzw. das Technische oder das Berufsgymnasium. Eine Aufnahmeprüfung in die jeweilige nächste Stufe entscheidet darüber, ob und wie weit man nach der Pflichtschulzeit weiterlernen kann.

Das neue türkische Schulsystem ist ähnlich gegliedert wie das bisherige; nur die Aufteilung in verschiedene Schularten ist um eine Stufe vom Sekundarbereich I in den Sekundarbereich II verschoben worden. Die frühere *İlkokul* und die *Ortaokul* sind zusammengezogen worden in den *Temel-Eğitim-Bereich,* den Grund- oder Sockelbereich, der jetzt über die ersten acht Klassen reicht. Seit 1981 ist die Grunderziehung von acht Jahren im Gegensatz zu den bisherigen fünf Jahren Pflicht. Nach den acht Jahren Grundschulpflicht kann man – und zwar ohne Aufnahmeprüfung, es genügen gute Zeugnisse – in das allgemeinbildende dreijährige *Lise* oder in das zeitgleiche Fachgymnasium weitergehen. Für den Besuch der dritten Alternative von Klasse 9 bis 11, des Industrie-Berufsgymnasiums, braucht man eine Aufnahmeprüfung. Im 10. Schuljahr hat man bei guten Zensuren die Möglichkeit, vom Industrie-Gymnasium auf das 4jährige Technische Gymnasium zu wechseln. Eine Auslese bzw. die Entscheidung, welche Schulform man weiterbesucht, erfolgt nach dem neuen System erst im Alter von 15 Jahren, nach acht gemeinsamen Schuljahren, sicher zu einem günstigeren Zeitpunkt als es das Alter von elf/zwölf Jahren ist. Nachdem man sich für das neunte bis elfte Schuljahr auf eine Bildungsform festgelegt hat, kann man nach erfolgreichem Abschluß einer dieser Oberschulen eine Aufnahmeprüfung für eine Weiterbildung seiner Wahl absolvieren, d. h. also ein Fachstudium an der Universität oder einer der Universität angeschlossenen Fachhochschule.

Die Voraussetzungen für das Hochschulstudium sind der Abschluß eines allgemeinbildenden Lise oder eines Fachgymnasiums und die erfolgreiche Teilnahme an einer zweiteiligen Aufnahmeprüfung. An der zweiten Stufe dieser Prüfung dürfen nur die Kandidaten teilnehmen, die bereits den ersten Teil bestanden haben. 1987/88 gab es in der Türkei 26 Universitäten mit 500000 Studenten. Rund 24000 Türken studieren im Ausland, davon 1989 ca. 12000 in der Bundesrepublik.

Den im Ausland studierenden Türken werden gleich zu Beginn des Studiums die Mängel der türkischen Lehrpläne bewußt, da sie mit Bestimmtheit, zumindest in Mathematik, Lücken aufzuholen haben. Viel Raum wird den Fächern Lebenskunde und Türkisch gegeben, wie überhaupt die schulische Erziehung in der Türkei eine betont nationalistische ist. Nach der neuen Verfassung von 1982 zählt der Religionsunterricht zu den Pflichtfächern. Im *Lise* werden Fremdsprachen unterrichtet, aber oft in ziemlich mangelhafter Qualität; Fremdsprachen sind Englisch, Deutsch und Französisch. Qualitätsmindernd auf den gesamten Unterricht wirkt sich oft die Praxis des Schulalltags aus: Schulraumnot, zu hohe Klassenfrequenzen, also zu wenig Lehrkräfte, schlechte Lehrmittelausstattung sind einige Merkmale. Im Vordergrund der Methodik steht rezeptives Lernen, somit ein entsprechend autoritärer Unterrichtsstil. Trotzdem gilt der Lehrer auf dem Land oft als der Neuerer, der vorsichtig sein muß, um nicht mit konservativen Kräften unter den Eltern in Konflikt zu geraten.

Auch nach dem neuen Schulsystem und der heutigen Bildungspolitik gibt es keine berufliche Ausbildung nach dem Schulbesuch. Man lernt, indem man von Anfang an voll in den Arbeitsprozeß eingegliedert wird. Der Berufsabschluß ist vergleichbar mit einem Facharbeiterbrief. Da es aber bei ca. drei bis fünf Millionen Jugendlichen im Berufsschulalter nur für rund 66000 Fachschulen gibt, wird die Mehrheit in kleinen Betrieben angelernt und dabei mehr als billige Arbeitskraft denn als Lehrling betrachtet. Staatliche Abschlüsse können auch nur in den Schulen gemacht werden. So ergibt sich in der Türkei ein erheblicher Mangel an qualifizierten Arbeitskräften.

VIII. Die Familienstruktur

Die Erziehung innerhalb der Familie ist in der Türkei in der Regel ebenso autoritär wie die in der Schule, eher noch strenger. Bis zum Alter von 12 Jahren werden die Mädchen weniger streng erzogen, im Vergleich zu den Jungen oft geradezu verwöhnt. Mit dem 12. Lebensjahr, dem angenommenen Alter der körperlichen Reife, ändert sich dies. Jetzt wird den Brüdern eher etwas durchgelassen. Sie sind Männer, die auf sich selbst aufpassen können, während die Mädchen der Familienehre wegen streng bewacht und ihre Umweltkontakte kontrolliert werden. Sexuelle Aufklärung durch Elternhaus oder Schule findet nicht statt. Ziel der elterlichen Erziehung ist es, die traditionellen Werte der Familie zu erhalten: Gehorsam den Älteren gegenüber zu wecken, die Kinder frühzeitig in das Autoritätsgefüge einzuordnen, ihnen die klar erscheinenden Wertbegriffe von Gut und Böse beizubringen und die geschlechtsspezifischen Rollen einzuüben. So wird von den Jungen in erster Linie Leistung und Erfolg in der Schule und im Beruf, Verantwortungsgefühl erwartet und von den Mädchen Fleiß, Duldsamkeit und andere als fraulich angesehenen Tugenden wie Gehorsam, Keuschheit und Sauberkeit.

Je größer die Familie ist, umso leichter ist es, diese traditionellen Rollen zu fordern und ein demgemäßes Verhalten gegenüber Onkeln, Tanten, Großeltern und Geschwistern durchzusetzen. Der Sohn des Hauptmanns Ertuğrul, Osman, lebte noch wie alle Nachkommen eines „Stammesvaters" in einer Sippe, einer räumlichen und organisatorischen Einheit aller nahen und weiten Verwandtschaft innerhalb einer einzigen Familie. Durch die osmanische Eroberungspolitik ließ sich eine partielle Abtrennung einzelner Familienverbände vom Stamm nicht immer vermeiden. So ergab es sich im Laufe der Jahrhunderte durch Seßhaftwerden an verschiedenen Orten und aus anderen Gründen, daß der Nomadenstamm zur Großfamilie mit mehreren Generationen und allen Verwandten „schrumpfte". Großfamilien mit zwanzig, dreißig und mehr Mitgliedern, die alle unter einem Dach leben, gibt es bis weit in unser Jahrhundert hinein. Das Abwandern von verheirateten und unverheirateten Kindern in die Stadt oder ins Ausland war der Beginn einer langsam einsetzenden Tendenz, in kleineren Familienverbänden zu wohnen. Durch die wirtschaftlichen und gesellschaftlichen Verhältnisse reichte der Boden nicht mehr für alle, so daß diese Entwicklung notwendig wurde. Seit den 50er Jahren nimmt der Anteil der Großfamilien immer mehr ab. Stattdessen steigt die Anzahl der Familien mit nur zwei Generationen, Eltern und Kindern, insgesamt vier bis sechs Personen, die aus finanziellen, räumlichen und anderen Gründen nicht bei den Großeltern bleiben konnten. Für türkische Verhältnisse ist eine Familie mit nur zwei bis vier Kindern nach wie vor eine „Kleinfamilie". 1968 waren bereits mehr als die Hälfte aller Familien Kleinfamilien, auf dem Land fast ebenso wie in den Städten. Die Gründe dafür liegen, wie erwähnt, in der Landflucht und in der unzureichenden Existenzgrundlage auf dem Land, zu engen Wohnbedingungen in der Stadt und im Rückgang des Bevölkerungszuwachses. Eine Mischform zwischen Groß- und Kleinfamilie bilden die Familien, in denen Väter und Söhne vorübergehend im Ausland oder in der Stadt Geld verdienen. Diese Übergangsform führt sehr oft zur endgültigen Auflösung der Großfamilie.

Das Oberhaupt der ursprünglichen Großfamilie war der Vater oder Großvater. Die hierarchische Struktur einer solchen Familie war traditionell das Patriarchat. Die vorrangige Autorität des Mannes in der Familie ist auch im Wandel der Familienstruktur relativ unangetastet geblieben, so wie die gesamte Hierarchie, nach welcher das höchste Ansehen immer der Älteste besitzt. Die Trennung der Geschlechter auch im alltäglichen Leben bringt mit sich, daß die Geschlechterrollen nach wie vor sehr stark ausgeprägt sind. So bleibt dem Mann die alleinige Sorge für den Lebensunterhalt der Familie. Seine Rolle ist es, die gesamte Verantwortung als deren Oberhaupt zu tragen. Damit verbunden ist die Ernährung der Familie, ihre Ausstattung mit den notwendigen Gütern wie

Kleidung u. a. Diese Aufgabe kann, insbesonders bei der derzeitigen Wirtschaftslage, schon eine Überforderung, zumindest einen ungeheuren Druck darstellen. Darüberhinaus repräsentiert der Mann seine Familie nach außen, er ist mitverantwortlich oder wird mitverantwortlich gemacht für das gesellschaftliche Verhalten aller, auch der entfernten Familienmitglieder. Zugleich fällt ihm die Rolle des Beschützers und des Bewahrers der Familienehre zu. Seine Entscheidungsbefugnisse gehen weit über die internen Angelegenheiten der engsten Familie hinaus. Sein oft autoritäres Verhalten ist angesichts der Rolle, die ihm die Gesellschaft auferlegt und die normalerweise eine einzige Person weit überfordert, verständlich. Ohne die konsequente Durchsetzung seiner Autorität, sowohl im engen Familienbereich als auch in der Verwandtschaft, wäre eine Aufrechterhaltung der überlieferten Prinzipien und gültigen Moralvorstellungen nicht möglich.

Die verheiratete Frau, deren Aufgabe es unter anderem ist, die Kinder zu erziehen, hat dabei genau diese Prinzipien im Auge. Ihre weiteren Aufgaben sind, für die tägliche Ernährung zu sorgen wie für den Haushalt und, falls notwendig – und auf dem Land ist dies fast ausnahmslos der Fall –, mit Sorge zu tragen für den Lebensunterhalt der Familie. Das bedeutet in der Stadt, daß verheiratete Türkinnen häufiger berufstätig sind. Auf dem Land heißt es, daß sie in die Produktion voll einbezogen werden, also im Sommer schwere Feldarbeit leisten und im Winter die Sommerprodukte wie Schafswolle, Getreide usw. im Haus verarbeiten müssen. So ist besonders die türkische Landfrau einer kräftezehrenden Doppelbelastung ausgesetzt, die sich in einer hohen Zahl von Fehlgeburten manifestiert. Söhne oder wenigstens einen Sohn zu haben, ist von großer Wichtigkeit für sie, weil sie nur dadurch Anerkennung in der Familie und ein gewisses Mitspracherecht erhält. Hat sie Söhne geboren, so ist sie allerdings nicht selten das heimliche Oberhaupt der Familie, ihre Macht steigt außerordentlich. Nach außen hin bleibt aber das traditionelle Rollenspiel auf jeden Fall gewahrt.

Würde man von einer Funktion der Frau in der Männergesellschaft sprechen, so wäre sie Bedingungsfaktor für das Funktionieren der Männergesellschaft. Denn ohne ihre Unterstützung im Hintergrund, ihr Verweilen in der zweiten Reihe, von der aus sie im Sinne der Männer Töchter und Söhne erzieht, verdienen hilft, die Organisation dieser Welt übernimmt – in der die Männer „lediglich" hinsichtlich des Lebensunterhalts und gewisser familiärer Entscheidungen aktiv werden, ansonsten die Fürsorge ihrer Frauen passiv erleben –, ohne ihr manifestes Einverständnis wäre diese Männergesellschaft gar nicht möglich.

Die gesetzesmäßige Grundlage für einen Wandel dieser Rollenverteilung ist durchaus gegeben, denn 1965 wurde durch Gesetz u. a. die Familienplanung propagiert; seit 1924 soll die Eheschließung nur noch nach dem zivilen Recht erfolgen. Nach wie vor schließen aber große Teile der Landbevölkerung ihre Ehe durch eine *İmam nikâhı,* religiöse Trauung. Obwohl in vielen Fällen mittlerweile Mitspracherecht eingeräumt wird, entscheiden Eltern oder Brüder nach wie vor über die Wahl des Ehepartners und wird ein Brautpreis gezahlt, um die junge Frau, die fast immer zu den Eltern des Mannes zieht, im neuen Haushalt materiell abzusichern. Nach wie vor lehnen viele Frauen eine Nachwuchsplanung ab. Trotz des Wandels der Familienstruktur durch Zunahme industrieller Arbeit, durch anhaltende Landflucht, Beteiligung der Frauen an der Beschaffung des Lebensunterhalts und die dadurch bedingte Zunahme an Außenkontakten und Verringerung der Kontrollmöglichkeiten werden die Grundstrukturen aufrechterhalten. Die traditionellen Werte bleiben von der sich wandelnden sozialen Situation noch weitgehend unangetastet, die väterliche Autorität ist einstweilen noch ziemlich unangefochten.

IX. Das Sozialsystem

Die Sozialstruktur der Türkei befindet sich nach wie vor im Wandel. Unterschiedliche Entwicklungsstufen bestehen gleichzeitig nebeneinander. Die Ungleichheit der sozialen und ökonomischen Lebensverhältnisse zwischen sozialen Schichten, vor allem aber zwischen Regionen, zwingt viele, eine höhere soziale Stellung anzustreben. Das bedeutet oft Trennung von der Familie, Verlassen des Heimatdorfes, Emigration mit oder ohne Familie, und es führt, da Millionen diese Entscheidung treffen, wiederum zu einer Verschärfung der Ungleichheit. Denn auf dem Land entsteht ein Mangel an Arbeitskräften, während in den Städten die Überbevölkerung noch zunimmt. Stadt und Land entwickeln sich wirtschaftlich und kulturell immer weiter auseinander. Nur eine schnelle und aktive Regionalentwicklung in den betroffenen und vernachlässigten Gebieten würde diese negative Entwicklung im sozialen Wandel aufhalten können.

Trotz sozialer Reformen und Öffnung nach Westen seit Gründung der Republik 1923 und trotz wachsender Industrialisierung und Verstädterung ist es noch lange nicht gelungen, die Rückständigkeiten und althergebrachten Besitzstrukturen aus der Zeit der Jahrhundertwende aufzuholen. Die Türkei ist nach wie vor ein agrarisch geprägtes Land, sowohl unter räumlichen als auch unter erwerbs- und berufsstrukturellen Aspekten. 1987 arbeiteten noch fast 55 Prozent der Erwerbstätigen in der Landwirtschaft, mehr als in allen anderen europäischen Ländern, und mit ca. 11 Prozent weit weniger Beschäftigte in der Industrie als im übrigen Europa. Rund 27 Prozent der Erwerbstätigen sind in Dienstleistungsunternehmen beschäftigt.

Aber die 55 Prozent der Erwerbstätigen im Landwirtschaftssektor erbringen nur rund 17 Prozent des Bruttoinlandsproduktes der Türkei, die Industrie erzeugt 36 Prozent und der Dienstleistungssektor 47 Prozent. Der hoheArbeiteranteil bei insgesamt so geringem Verdienst läßt nicht nur auf niedrige Produktivität schließen, sondern auch auf eine große „versteckte" Arbeitslosigkeit. Darauf verweist ebenfalls die überhöhte Quote mithelfender Familienangehöriger (32 Prozent der Erwerbstätigen), die schwerpunktmäßig in der Landwirtschaft vorzufinden sind. Die meisten von ihnen werden nicht regulär beschäftigt und erhalten gar keinen Lohn, wie z. B. Frauen in Kleinbetrieben. In der Bundesrepublik waren 1988 2,3 Prozent der Erwerbstätigen mithelfende Familienangehörige; 8,9 Prozent waren selbständig; dem standen 26 Prozent Selbständige in der Türkei gegenüber. Wenn diese auch nicht als „versteckte" Arbeitslose gelten, so sind in der Tat doch die wenigsten von ihnen Arbeitgeber, işveren, sondern zumeist Kleinbauern, Handwerker, Händler oder in der Stadt Schuhputzer, Straßenhändler und ähnliches, die auf sich selbst gestellt sind und ihre vorherige ländliche Existenz in der Stadt zu verbessern versuchen. Diese Art von „marginaler" Beschäftigung ist typisch für die türkische Sozialstruktur, so wie der äußerst geringe Anteil an Lohn- bzw. Gehaltsempfängern. Im Gegensatz zu den 89 Prozent Beschäftigten in der Bundesrepublik erhalten in der Türkei lediglich 40 Prozent Beschäftigte einen regelmäßigen Lohn bzw. Gehalt. Diese Gruppe nimmt aber infolge der Industrialisierung schnell zu, in fünf Jahren um rund 5 Prozent.

Nicht nur in den ländlichen Gebieten der Türkei spielt die Doppelberuflichkeit, soweit sie möglich ist, eine große Rolle. Viele zu den Selbständigen zählende Kleinbauern versuchen mit der gesamten Familie durch zusätzliche Lohnarbeit wenigstens ein Mindestniveau an Einkommen zu erreichen – ebenso wie Handwerker, Händler oder Kraftfahrer oder aber auch Lehrer. Die Türkei weist große Einkommensunterschiede zwischen den verschiedenen Bevölkerungsschichten auf. Während die oberen 9,3 Prozent der Haushalte etwa über 40 Prozent des gesamten Volkseinkommens verfügen, beziehen die unteren 30 Prozent der Haushalte lediglich 8,7 Prozent des gesamten Volkseinkommens. Diese Zahlen beziehen sich auf Daten aus dem Jahre 1973, wurden jedoch in späteren Untersuchungen bestätigt. Aus politischen Erwägungen werden durch staatliche Stellen keine neuen Untersuchungsergebnisse bezüglich der Einkommensverteilung veröffentlicht.

Die neueste Untersuchung beruht auf der Haushaltsbefragung, die das Marktforschungsinstitut „KAMAR" im Jahre 1988 auf der Grundlage einer Methode durchführte, die der von staatlichen Stellen angewandten Methode ähnelt. Demnach besteht eine 14–15fache Differenz zwischen den Einkommen des ärmsten Quintils der Bevölkerung und dem Einkommen des obersten Quintils. Ferner deuten die Ergebnisse dieser Untersuchung auf eine Verschlechterung der Einkommensverteilung zu Lasten der Bezieher von niedrigeren Einkommen hin.

Die extrem ungleiche Verteilung des Volkseinkommens hat unter anderem ihre Ursache in dem ebenso extrem starken Bildungsgefälle der Türkei. Die zunehmende Mechanisierung der Landwirtschaft in den letzten Jahren hat die Situation noch verschärft; denn durch rationellere Anbaumethoden konnten Arbeitskräfte entlassen werden, was seinerseits zur Folge hatte, daß preisgünstiger, mit größerem Gewinn gearbeitet werden konnte, während sich durch Entlassungen oder geringeren Verdienst der Druck für die Arbeitskräfte erheblich verstärkte. Zusätzlich konnte der Großgrundbesitzer aufgrund der Rationalisierung noch ungehinderter privaten Geschäften in der Stadt nebenher nachgehen. Die Anzahl der Landarbeiter ist, bedingt durch Wander- und Saisonarbeit, nicht genau feststellbar. Es dürften mehrere Millionen sein. Sie gehören zur Gruppe der Arbeiter, die 23 Prozent der arbeitsfähigen Bevölkerung ausmachen, sind aber wirtschaftlich und sozial wesentlich schlechter als die Arbeiter im Industrie- und Dienstleistungssektor gestellt. Deren Löhne sind bedeutend höher, zudem sind diese sozialversichert und in der Lage, sich gewerkschaftlich zu organisieren. Allerdings existiert seit 1983 ein Versicherungssystem auf freiwilliger Basis für die Beschäftigten in der Landwirtschaft. Im Vergleich zu anderen Ländern ist das Arbeitskräftepotential in der Türkei relativ klein; es wächst jedoch überproportional. Zudem gibt es noch über zwei Millionen türkische Arbeiter im Ausland, deren Rückkehr insbesondere wegen der wirtschaftlichen Entwicklung im Heimatland nicht bestimmt werden kann.

Der durchschnittliche Reallohn – bei Zugrundelegung des Bruttolohnes und des Preisindexes der Lebenshaltung in Istanbul – sank bis 1987 auf das Niveau des Jahres 1978. Den Arbeiterfamilien geht es dennoch vergleichweise besser als den besitzlosen Familien auf dem Land. Trotzdem sind bei ihnen neben der „marginalen" Beschäftigung Hilfeleistungen wie Schuhputzen, Transport, Straßenverkäufe, Frauen- und Kinderarbeit verbreitet, mit deren Hilfe das Familieneinkommen in etwa gesichert werden soll. Durch die zahlenmäßige Zunahme der städtischen Arbeiter haben die Gewerkschaften an politischem Gewicht gewonnen.

Es gibt in der Türkei weitere soziale Schichten, die sich zwar beschreiben, quantitativ aber schlecht erfassen lassen. Es sind neben den erwähnten Land- und Industriearbeitern sowie den ,,marginal" Beschäftigten, neben den Pächtern und Kleinbauern sowie Großgrundbesitzern und mittleren und größeren Bauern die Unternehmer, die in der Bürokratie Arbeitenden und die Selbständigen. Über den städtischen und ländlichen Arbeitern steht in der Gesellschaftshierarchie die Mittelschicht, bestehend aus mittleren Angestellten oder Beamten und Lohnabhängigen mit mittlerem Einkommen, Handwerkern, kleineren Handelsbetrieben, mittleren Bauern. Sozial und politisch nicht einheitlich einzuordnen, aber vielleicht über dieser Schicht stehend, sind die Freiberufler und Intellektuellen. Politisch gibt es sie in allen Lagern. Zwischen diesen Ebenen und der von Wirtschaft, Bürokratie und Militär sind jene Gruppen anzusiedeln, die einkommenmäßig teils zur Mittelschicht, teils zur Oberschicht gehören: Großgrundbesitzer, Großbauern, Händler und Inhaber mittlerer Industriebetriebe sowie höhere Beamte und Militärs. Sie vertreten eher nationalistische und panislamische Ansichten und sind entschieden weniger westlich orientiert als die staatliche Führungselite und die privaten Großunternehmer. Letztere haben sich nach 1923 trotz des Prinzips des Etatismus im industriellen Sektor ansiedeln können.

Die Koexistenz eines marktwirtschaftlich orientierten privaten Sektors mit einem starken staatlichen Sektor innerhalb der Wirtschaft ist für die Türkei charakteristisch. Da das späte Osmanische Reich keine Industrie aufgebaut hatte, gab es in der Gründungsphase der Republik keine kapitalstarken Unternehmen und keinen großen industriellen Unternehmergeist. So mußte der Staat bei der notwendigen Industrialisierung des Landes die Führung übernehmen. Erst allmählich wuchs eine neue Schichte von privaten Unternehmern heran, die insbesondere nach dem Zweiten Weltkrieg eine stärkere politische Beteiligung wie wirtschaftliche Liberalisierung forderte. Dem widersetzt sich die staatliche Führungselite, welche die Staatsbetriebe lenkt und an der Spitze von Bürokratie und Militär steht. Diese Führungsschichten stehen in der Tradition und Verpflichtung Kemal Atatürks und sind dementsprechend westlich orientiert. Ihr Einfluß in Politik und Wirtschaft war, nicht nur zu Zeiten von Militärregierungen, beträchtlich.

Der Rückgang der Großfamilie und die zunehmende Industrialisierung machen eine ausreichende soziale Absicherung der Kleinfamilien und Arbeiter erforderlich. So existiert zwar seit 1983 eine freiwillige Versicherungsmöglichkeit für die in der Landwirtschaft Beschäftigten, die Zahl der Versicherten aus diesem Sektor ist aber nur ein Bruchteil der Gesamtzahl der Versicherten. Außerdem waren 1988 rund 7 Millionen Arbeiter und Angestellte der staatlichen Sozialversicherung angeschlossen, das heißt, daß nur rund 40 Prozent aller Erwerbstätigen unter staatlichem Versicherungsschutz stehen. Es gibt eine Pflichtversicherung für Arbeiter und Angestellte im industriell-gewerblichen Bereich und je eine Versicherung für Beamte und Selbständige; Landwirte sind ausgeschlossen. Die Leistungen dieser drei staatlichen Versicherungen sind eine Altersrente von siebzig Prozent des Einkommens, eine Rente für Hinterbliebene und für den Fall der Invalidität, eine Krankenversicherung und Mutterschaftshilfe sowie Hilfe nach Arbeitsunfällen und Berufskrankheiten. Arbeitslosenversicherung und Kindergeld gibt es nicht. Beim Verlust des Arbeitsplatzes erhalten die Türken eine einmalige Abfindung.

Auf einen Arzt kommen durchschnittlich 1200 Einwohner, in einzelnen Regionen Inner- und Ostanatoliens manchmal 70000 bis 90000 Einwohner. Das bedeutet, daß viele Dörfer von jeder ärztlichen Versorgung abgeschnitten sind.

Dort besteht weiterhin ein sehr großer Bedarf an Ärzten, obwohl es infolge des 1981 in Kraft getretenen Gesetzes, das die Absolventen des Medizinstudiums zu einem zweijährigen Dienst auf dem Lande verpflichtet, zu einem erheblichen Anstieg der Ärztezahl kam.

Seit 1978 können türkische Arbeitnehmer aus dem Ausland in ihrer Heimat die Sozialversicherung zahlen und werden dann dort so behandelt, als seien sie nie fortgewesen. Oder der Arbeitnehmer kann die entsprechenden Versicherungsbeiträge für die Jahre, in denen er fort war, nach seiner Rückkehr in drei Raten einzahlen. So wird die Zeit des Auslandsaufenthaltes als Versicherungszeit angerechnet, und das Recht auf Rentenauszahlung bleibt gewahrt. Zusammenfassend ist zu sagen, daß die teilweise Modernisierung des Lebens in der Türkei, die materielle Besserstellung der Menschen, die höhere Bildung, mehr individuelle Freiheiten, insbesondere für die Frauen, und die sozialen Leistungen des Staates vielen Menschen soziale Vorteile gebracht haben. Ob sich der soziale Wandel allerdings angesichts der Nachteile und massiven Probleme für alle Beteiligten und Betroffenen als Vorteil auswirkt, ist noch fraglich.

X. Das Rechtswesen und die Gesetzgebung

Zu den wesentlichsten Reformen Mustafa Kemal Atatürks gehören die gesetzliche Gleichstellung der Frau, die Aufgabe des Kalifats und hiermit gleichzeitig die Abwendung vom islamischen Recht. So wird das menschliche Zusammenleben in der Türkei, deren Bevölkerung zu über 99 Prozent moslemisch ist, nicht mehr nach dem Koran, also dem islamischen Recht, gehandhabt, wie es in anderen islamischen Staaten, z. B. im Iran und in Libyen, noch üblich ist. Die Trennung von Staat und Religion hatte die Einführung des europäischen Rechtswesens und der europäischen Gesetzgebung im Jahre 1926 zur Folge.

Das türkische Bürgerliche Gesetzbuch ist dem Schweizerischen entlehnt und hat somit denselben Hintergrund wie das deutsche Bürgerliche Gesetzbuch, den Code Napoléon. Das türkische Strafrecht entspricht dem italienischen, einem europäischen Recht südlicher Prägung, was für bestimmte Delikte und Bluttaten, speziell im persönlichen Bereich, von Bedeutung ist. Es trägt den moralischen Vorstellungen von Ehre, Familienehre, Unberührtheit vor der Ehe usw. einer südlichen Mittelmeergesellschaft Rechnung. Seit Beginn der Republik ist auch das deutsche Handelsrecht gültig.

Ein Beispiel für die südliche bzw. orientalische Prägung der gesetzlichen Bestimmungen ist die Regelung der Eheschließung und -scheidung im türkischen Zivilgesetz. Nach dem öffentlich bekannt gegebenen Eheversprechen, dem vierzehntägigen Aufgebot, ist das Einklagen der Ehe möglich. Ehebruch ist ein Scheidungsgrund. Interessant ist die Definition: Die Frau begeht mit einmaligem außerehelichen Sexualkontakt Ehebruch, während beim Ehemann dieser Tatbestand erst erfüllt ist, wenn er mit einer anderen Frau in eheähnlicher Gemeinschaft lebt, bei Untreue also noch lange nicht.

XI. Wirtschaft und Politik

1. Wirtschaftliche Struktur und Entwicklung des Landes

Nachdem die eigentliche wirtschaftliche Entwicklung der Türkei erst nach 1945 eingesetzt hat und bis dahin, zumindest aber bis zur Anfangszeit der heutigen Republik, die Landwirtschaft sechshundert Jahre lang das einzige Fundament der Gesellschaft und Wirtschaft gewesen war, wird das Land heute der Gruppe halbindustrieller Entwicklungsländer zugerechnet. Es steckt mitten in einer Entwicklungsphase von überwiegend ländlicher und traditioneller zu zunehmend städtisch industrieller Wirtschaft.

Die einseitige Förderung der Industrialisierung und die Vernachlässigung der Landwirtschaft vergrößern die Abhängigkeit von Kapitaleinfuhren und reduzieren die Fähigkeit, Devisen selbst zu erwirtschaften. Tilgungsverpflichtungen und Zinszahlungen können, da sie in Phasen rascher Entwicklung zu schnell steigen, nicht mehr eingelöst werden. Zahlungsbilanzkrisen beenden daher das Wachstum. Nur eine neue Wachstumsstrategie, mit internationaler Hilfe, könnte aus dem Dilemma helfen.

Die wirtschaftliche Struktur der Türkei ist von ihrer geographischen, d.h. Oberflächengestaltung, vom Klima und von ihrer historischen Entwicklung beeinflußt. Den begrenzten Küstenlandschaften mit mediterranem Anbau steht das weite Landesinnere gegenüber, das sich überwiegend nur für Getreide- und Viehwirtschaft eignet, soweit Nutzungsflächen überhaupt vorhanden sind. Die Industrie befindet sich in Ballungsgebieten mit Rohstoffvorkommen oder Absatzmärkten und entwickelter Infrastruktur. Istanbul ist z.B. mit ca. 40 Prozent fast an der Hälfte des Nationaleinkommens, das von der Industrie produziert wird, beteiligt.

2. Die Bedeutung der Landwirtschaft

Seit den Hethitern bis heute besteht ein starkes Entwicklungsgefälle vom Landesinneren zu den Randgebieten und von Ost nach West in der Türkei, das trotz mannigfacher Versuche der letzten Jahrzehnte nur wenig reduziert werden konnte. Im Agrarsektor bestehen zudem extreme Klassenunterschiede bezüglich des Grundbesitzes, die aus den jahrhundertealten Feudalstrukturen des Osmanischen Reiches herrühren und von den Reformen M. K. Atatürks unberührt blieben. Das Bodenreformgesetz von 1945 sowie das Gesetz zur Landreform von 1973 konnten wegen des Widerstands der politisch einflußreichen Großgrundbesitzer an den uralten Strukturen nichts Entscheidendes ändern. So haben heute die oberen 10 Prozent der Landbevölkerung einen Anteil von 47,3 Prozent des landwirtschaftlichen Volkseinkommens, und die unteren 10 Prozent der ländlichen Familien leben von nur 2,7 Prozent Einkommensanteil. Über 80 Prozent der Bauern besitzen kein Land oder weniger als 5 ha; 4,7 Prozent der Großgrundbesitzer sind Inhaber von 41 Prozent der landwirtschaftlichen Nutzungsfläche. Das heißt, daß es in der Türkei Gebiete gibt, in denen Großgrundbesitzerfamilien ganze Dörfer ihr eigen nennen. Die dort lebenden Bauern sind Pächter oder Landarbeiter, die – früher weitgehend – oft nur in Naturalien entlohnt werden. Schlechte Ernten bringen für sie große Not und haben vermehrte Landflucht zur Folge, die meistens nur dazu führt, daß diese Menschen im städtischen Subproletariat untergehen. Der höchste Anteil an Großgrundbesitz und somit an ländlichen Familien liegt im Landesinnern und im Osten sowie Südosten des Landes.

Trotz allem ist die Landwirtschaft die Grundlage und der umfangreichste Zweig der Volkswirtschaft. 25 Millionen ha werden landwirtschaftlich genutzt. Die Türkei hat nach der UdSSR und Frankreich die drittgrößte landwirtschaftliche Fläche Europas. Sämtliche Pflanzen der gemäßigten und der subtropischen Klimazone können angebaut werden, fast 80 Prozent der Fläche dient der

Getreideproduktion. Weitere wichtige Anbaupflanzen sind Baumwolle, Tabak, Tee, Trauben, Zitrusfrüchte und andere. In der Produktion von Haselnüssen, Feigen und Rosinen nimmt die Türkei in der Welt die erste Stelle ein; ihr Haselnußanbau beträgt 72 Prozent der Weltproduktion, die zweite Stelle hat sie in der Opium- und Erdnußproduktion inne. Überhaupt werden vornehmlich landwirtschaftliche Güter exportiert – über die Hälfte der gesamten Ausfuhren. Besonders in den 50er Jahren konnte die Industrialisierung mit der Modernisierung der Landwirtschaft nicht in dem Maße schritthalten, daß der Arbeitskräfteüberschuß in der Landwirtschaft mit genügend neuen Arbeitsplätzen in der Industrie hätte aufgefangen werden können. So wanderten viele kleine Bauern, für die Traktoren oder andere Landmaschinen nicht erschwinglich waren, oder arbeitslos gewordene Landarbeiter, ohne jedoch eine Aussicht auf Arbeit in der Industrie zu haben, in die Städte ab.

3. Die wirtschaftliche und politische Entwicklung der Republik seit 1923

Nach 1923 war die türkische Regierung zu einem Neubeginn in allen Bereichen gezwungen. Während der Dauer des Osmanischen Reiches hatte sich beinahe der gesamte Handel in den Händen von Minderheiten befunden. Armenier, Griechen und Juden waren die führenden Geschäftsleute. Der türkische Anteil an den Handels- und Industrieunternehmen vor dem Ersten Weltkrieg wurde auf weniger als 10 Prozent geschätzt. Mustafa Kemal Atatürk, der Vater der Republik, beabsichtigte, eine Schicht von türkischen Geschäftsleuten heranzubilden, die für den Aufbau der türkischen Volkswirtschaft verantwortlich sein sollten. Allerdings waren die Bedingungen für eine Türkisierung der Volkswirtschaft und die Heranbildung eines nationalen Bürgertums äußerst ungünstig. Die Grundbesitzer, Beamten und Offiziere waren auf industriellem Gebiet kaum tätig; sie befaßten sich fast ausschließlich mit Handels- und Spekulationsgeschäften. Die Gründungsjahre von 1923 bis 1929 bezeichnen Wissenschaftler als ,,Nationale Ökonomie-Phase". Bei der Entscheidung über das ökonomische System legte sich die Regierung mit Atatürks entscheidender Rede in Izmir zur Eröffnung des ersten türkischen Volkswirtschaftskongresses am 17. Februar 1923 auf das kapitalistische System fest. Die ,,Nationale Ökonomie-Phase" beginnt mit der Gründung der ersten neuen Bank der jungen Republik, der Türkiye Iş Bankasi – Türkische Arbeitsbank –, die dem Aufbau und der Förderung einer bürgerlichen Schicht in der Türkei dienen sollte. Diese Phase konnte den Entwicklungsvorstellungen der Regierung jedoch nicht entsprechen. Im Bereich der Nationalisierung und Industrialisierung wurden zwar grundlegende Maßnahmen ergriffen, aber trotz zahlreicher Vergünstigungen für das türkische Bürgertum fand die Industrialisierung nicht statt.

Die anschließende Phase des Etatismus dauerte von 1929 bis 1939. Sie wird auch als Phase des Staatssozialismus bezeichnet. Während dieser Zeit versuchte der Staat durch eigene Investitionen in wichtigen Industriebranchen einen staatlichen Sektor zu schaffen, vornehmlich durch Verstaatlichung und Nationalisierung. Der Aufbau eines staatlichen Sektors und die Bemühungen um eine ausgeglichene Zahlungsbilanz waren maßgebend für den Etatismus; denn mit ihrer Hilfe wollte die Regierung eine rasche industrielle Entwicklung des Landes ermöglichen. In den 30er Jahren wurden die ersten halbstaatlichen Banken gegründet. Dabei sollte die Eti-Bank die Entwicklung des Bergbaus und der Energieerzeugung fördern, während die Sümer-Bank als Investitions- und Holdinggesellschaft für die Durchführung des ersten Fünfjahresplans konzipiert war. Der erste Fünfjahresplan, der 1934 in Kraft trat, sah die Gründung folgender fünf Wirtschaftsbranchen vor: Textilindustrie, Montan-Industrie, Zellstoff- und Papierindustrie, Keramik- und Zementindustrie und Chemieindustrie. Dieser Plan wurde trotz zahlreicher Schwierigkeiten und der in allen Bereichen gestiegenen Kosten verwirklicht. Der zweite Industrieplan konnte aber wegen Atatürks Tod und wegen des Ausbruchs des Zweiten Weltkriegs im darauffolgenden Jahr 1939 nicht mehr realisiert werden.

1939 begann die Periode der Kriegszeitökonomie, die bis 1945 dauerte. Obwohl die Türkei am Zweiten Weltkrieg nicht teilnahm, litt die Wirtschaft des Landes stark darunter. Der zweite Industrieplan wurde aufgegeben; statt dessen strukturierte man die gesamte Wirtschaft auf eine Kriegswirtschaft um. Hinzu kam, daß der Staat bei einer Bevölkerungszahl von etwa 17 Millionen knapp eine Million Soldaten ständig unter Waffen hielt, wodurch die Wirtschaft des Landes zusätzlich in erheblichem Maße belastet wurde. Diese ungünstige Phase läßt sich also folgendermaßen erklären: Des Krieges wegen wurden fast alle produzierenden Kräfte zum Militärdienst einberufen; der Außenhandel ging stark zurück; der Import von Investitionsgütern und Rohstoffen verminderte sich von 118 Millionen TL im Jahre 1939 auf 74 Millionen TL im Jahre 1941; Grundnahrungsmittel wurden knapper und konnten nur gegen Bezugsscheine erworben werden.

Die Jahre zwischen 1945 und 1950 waren Anpassungsjahre. Die politischen Veränderungen in Europa nach dem Zweiten Weltkrieg, der wachsende Einfluß der USA in Europa sowie Grenzerweiterungspläne der UdSSR zu Lasten der Türkei erforderten seitens der Regierung entscheidende politische Maßnahmen. Der damalige Ministerpräsident Ismet Inönü beabsichtigte, die Demokratie in der Türkei zu festigen, und verkündete 1945 das Mehrparteiensystem. Daher konnte im Jahre 1946 neben der Republikanischen Volkspartei CHP (Cumhuriyet Halk Partisi) auch die neugegründete Demokratische Partei, DP (Demokrat Parti), an den Wahlen teilnehmen. Anläßlich des zweiten Wirtschaftskongresses, der 1948 stattfand, gelang es dem türkischen Bürgertum, statt der etatistischen Prinzipien als neue Grundsätze der türkischen Wirtschaftspolitik folgende Prinzipien festzulegen: die Zulassung von Fremdkapital, verbunden mit Erleichterungen für eine Investition des Fremdkapitals, und die Förderung türkischer Kapitalanlagen. Ab 1947 lief in der Türkei die amerikanische Finanz- und Militärhilfe im Rahmen des Marshall-Plans an. Der Einfluß der USA auf die türkische Wirtschaftspolitik führte dazu, daß man der Regierung vorschrieb, die Investitionen im Bereich der Schwerindustrie zu stoppen und statt dessen in der Landwirtschaft zu investieren

Die Wahlen im Jahre 1950 führten zu einem Machtwechsel in der Türkei. Die Republikanische Volkspartei, die das Land 27 Jahre lang regiert hatte, erreichte nicht die erforderliche Mehrheit. Als Sieger ging die Demokratische Partei, die das westliche Wirtschaftssystem unter Förderung der USA vertrat, aus den Wahlen hervor.

Diese Partei repräsentierte zunächst die mit der Politik der Republikanischen Volkspartei unzufriedenen Schichten. Großgrundbesitzer und Vertreter der Industrie- und Handelsbourgeoisie lehnten die Etatismuspolitik der CHP ab. Mit Wahlversprechen wie Verankerung des Streikrechts, größere Steuergerechtigkeit und Förderung der Landwirtschaft konnte die DP auch die Massen für sich mobilisieren. Die Jahre nach 1950 sind durch eine starke Abhängigkeit von den USA und eine Zuwendung zu anderen westlichen Staaten gekennzeichnet. Die neue Regierung unter Ministerpräsident Adnan Menderes setzte einschneidende Liberalisierungsmaßnahmen durch. So wurden Einfuhrbeschränkungen fast vollständig aufgehoben. 1952 schloß sich die Türkei der NATO an. Ein Jahr zuvor hatte die Menderes-Regierung ein neues Gesetz zur Förderung ausländischen Kapitals verabschiedet, womit sich die Türkei in eine immer größere sowohl politische als auch wirtschaftliche Abhängigkeit vom Ausland begab. Die Auswirkungen dieser Politik wurden bald bemerkbar. Aufgrund kapitalintensiverer Produktion durch Rationalisierung in der Landwirtschaft nach den Empfehlungen amerikanischer Berater kam es in Anatolien unter den Landarbeitern zu einer großen Arbeitslosigkeit. Auf der anderen Seite konnte man eine nicht planmäßige Industrialisierung im Lande feststellen, die den speziellen Bedürfnissen der Türkei jedoch nicht entsprach. So bezogen sich Investitionen in erster Linie auf den Bausektor und den Grundstückshandel und damit auf Bereiche, in denen große spekulative Gewinne erzielt werden konnten. Während der Zeit von 1954 bis 1957 investierten die Privatunternehmen 1,5 Milliarden TL für den Erwerb von Grundstücken, während sie 635 Millionen TL für industrielle Unternehmen aufwandten. Die Inflationsrate begann immer stärker zu steigen. Durch hohe Außenhandelsdefizite und kostspielige Militärausgaben, die im Anschluß an den NATO-Beitritt der Türkei während der 50er Jahre bis zu 35 Prozent des jährlichen Gesamtetats verschlangen, stiegen die Auslandsschulden von 21,1 Millionen TL im Jahre 1949 auf 1,7 Milliarden TL im Jahre 1960, was eine zusätzliche Belastung der wirtschaftlichen Entwicklung des Landes bedeutete. 1958 mußte wegen der hohen Inflation im Lande eine Abwertung der Türkischen Lira vorgenommen werden. Es kam zu einer Devaluation von 400 Prozent.

Nicht nur auf wirtschaftlicher, sondern auch auf innenpolitischer Ebene gab es Mißstände. Die Wahlversprechen wurden nicht eingehalten, die oppositionelle Presse und Demonstrationen unzufriedener Schichten wurden verboten. Beamte, Arbeiter und der größte Teil der Bauern litten unter der Wirtschaftspolitik der Menderes-Regierung. Von der wirtschaftlichen Entwicklung profitierte nur ein ganz geringer Teil der Bevölkerung, während die breiteren Schichten darunter zu leiden hatten. So nahmen politische Unruhen, insbesonders in Universitätskreisen, stark zu. Gegen diese Unruhen leitete die Menderes-Regierung undemokratische Maßnahmen ein, die eine Beschränkung der Opposition sowohl im Parlament als auch innerhalb der Bevölkerung bewirken sollten. 1960 wurde im Parlament eine Sonderkommission eingerichtet, die man mit allen Befugnissen der Staatsanwaltschaft und der Gerichte ausstattete. Ihre Beschlüsse gegen Personen und Personenvereinigungen waren weder durch die ordentlichen Gerichte noch durch das Parlament selbst angreifbar. Außerdem erließ die Regierung Notstandsgesetze, mit deren Hilfe sie ihre Macht erweitern wollte. Nachdem die Unruhen innerhalb der Bevölkerung an Häufigkeit und Intensität zugenommen hatten, fand am 27. Mai 1960 ein Militärputsch statt.

Die Militärregierung versuchte, Reformen in der Wirtschaftspolitik und auf gesellschaftspolitischer Ebene durchzusetzen. Grundstein hierfür war ein neues, fortschrittliches Grundgesetz, das von einem Übergangsparlament vorbereitet und 1961 durch ein Volksreferendum in Kraft gesetzt wurde. Die neue Verfassung gehörte zu den liberalsten der westlichen Welt. Im Gegensatz zu der alten Verfassung von 1924 wurde die Staatsgewalt auf die Legislative, die Exekutive und die Judikative verteilt. Auch der Schutz der Grundrechte wurde umfassend kodifiziert und der Kontrolle eines neu zu gründenden, unabhängigen Verfassungsgerichtshofs nach deutschem Muster unterstellt. Hervorzuheben ist in diesem Zusammenhang noch die Gewährung der Autonomie den Universitäten gegenüber. Auch das Rechtsstaatsprinzip wurde in der Verfassung von 1961 verankert und unter dem Einfluß des deutschen Grundgesetzes mit dem Prädikat „sozial" versehen. Durch die verfassungsmäßige Verankerung demokratischer Grundrechte konnten die Arbeiter nunmehr ihre eigene Partei gründen und sich innerhalb demokratisch strukturierter, progressiver Gewerkschaften organisieren. Im Rahmen der neuen Verfassung übernahm der Staat die Verpflichtung, alle Hindernisse bei der Ausübung der Grundrechte aus dem Weg zu räumen. Die Demokratisierung der Verfassung wirkte sich für den einzelnen Bürger auch insofern aus, als Beschränkungen bezüglich der freien Entfaltung der Persönlichkeit abgebaut wurden und es den Bürgern z. B. gestattet war, Auslandsreisen zu unternehmen und sich politisch zu betätigen.

Die bedeutendste Maßnahme zur Entwicklung der türkischen Wirtschaft war die Gründung des Staatlichen Planungsamtes „Devlet Planlama Teşkilati." Im Anschluß an die ersten freien Wahlen nach dem Militärputsch, die 1961 stattfanden, nahm die Bedeutung der Wirtschaftsplanung zu, so daß am 3. Dezember 1962 der erste Fünfjahresplan dieser Regierung für die Zeit von 1963 bis 1967 in Kraft gesetzt werden konnte. Man strebte dabei eine Mischwirtschaft an, bestehend aus Privat- und Staatssektor. Die wichtigsten Ziele und Forderungen des ersten und zweiten Fünfjahresplans waren: Erhöhung des Bruttonationaleinkommens um jährlich 7 Prozent; Mobilisierung der Ressourcen des Landes und Erhöhung der Gesamtinvestitionen, um die Industrialisierung zu beschleunigen; Herabsetzung der Arbeitslosigkeit, Erreichung von Preisstabilität; Verringerung der wirtschaftlichen Abhängigkeit vom Ausland; Verwirklichung der sozialen Gerechtigkeit durch gerechtere Verteilung des Nationaleinkommens unter den einzelnen Bevölkerungsgruppen und Verwirklichung von Reformen im gesamten Land. Beide Fünfjahrespläne waren für alle Investitionen und sonstigen Aktivitäten des Staates verbindlich, während sie für den Privatsektor lediglich als Empfehlung galten. Sowohl im ersten als auch im zweiten Fünfjahresplan erreichte man weitgehend die vorgesehene Wachstumsrate von 7 Prozent. Andere Ziele dagegen konnten nicht mit dem gleichen Erfolg verwirklicht werden. Während der Geltungsdauer des zweiten Fünfjahresplans (1968 bis 1972) erlebte die Türkei einen neuen Staatsstreich.

Die Regierungszeit der Gerechtigkeitspartei von 1965 bis 1971, die sich selbst als Nachfolgerin der 1960 verbotenen Demokratischen Partei versteht, war eine Blütezeit der türkischen Privatindustrie, da die Regierung, die von US-Wirtschaftsexperten beraten wurde, besonders Investitionen im Bereich der Konsumgüterindustrie unterstützte. Maßnahmen der Regierung im Finanz- und Kreditwesen, in der Steuergesetzgebung und im Handel begünstigten nur einige Großunternehmer und Geschäftsleute. Die sozialen Unterschiede wurden daher immer größer. Zu ersten Protestbewegungen kam es, wie vor 1960, in Universitätskreisen. Die staatliche Subventionspolitik, die durch einseitige Berücksichtigung der Großindustriellen bei gleichzeitiger Benachteiligung der Arbeiter und Beamten gekennzeichnet war, schuf unter den Arbeitern große Unruhe. So kam es ab 1969 zu langdauernden Streikaktionen. Die Unzufriedenheit breiter Bevölkerungsschichten mit der Politik Demirels und die hierdurch hervorgerufenen Streiks und Studentenunruhen veranlaßten die Regierung, den Notstand zu verkünden. Da die von der Regierung versprochene Bodenreform nicht durchgeführt wurde, waren auch weite Kreise der Landbevölkerung mit der Regierungspolitik nicht einverstanden. Immer häufiger kam es zu Landbesetzungen durch demonstrierende Bauern. Am 12. März 1971 forderten die Generäle den Rücktritt der Regierung Suleyman Demirels, der seit 1965 als Vorsitzender der Gerechtigkeitspartei, AP (Adalet Partisi), das Land regiert hatte. Man warf der Regierung Mißwirtschaft und politische Unfähigkeit vor.

4. Die türkische Wirtschaft der siebziger Jahre

Nach dem Staatsstreich wurde die Türkei vom 12. März 1971 bis zu den Wahlen im Jahre 1973 zwei Jahre lang von sogenannten überparteilichen Regierungen geführt, die überwiegend von parteilosen Ministerpräsidenten gebildet wurden. Die Ministerposten wurden mit Technokraten besetzt, die wirtschaftliche Reformen und die Bodenreform durchsetzen wollten. Zugleich kam es zum Abbau zahlreicher in der Verfassung von 1961 verankerter Rechte; insgesamt 40 Artikel wurden geändert. Besonders die Teile der Verfassung, welche die demokratische Meinungsfreiheit garantierten, wurden stark beschnitten.

Die Wahlen im Jahre 1973 brachten der Türkei Neuerungen in wirtschaftspolitischer und sozioökonomischer Hinsicht. Vorher fand ein bedeutender politischer Wandel innerhalb der Republikanischen Partei statt. Diese Partei wandelte sich nach dem fünften außerordentlichen Parteitag im Jahre 1972 endgültig zu einer sozialdemokratischen Partei. Bülent Ecevit wurde zu ihrem Vorsitzenden gewählt. 1973 erlebten die konservativen Parteien eine Wahlniederlage. 23 Jahre nach den Wahlen von 1950 gelang es der Republikanischen Volkspartei 1973 wieder, sich als größte Partei zu profilieren. Bei diesen Wahlen errang die Partei 34 Prozent der Stimmen, und 1974 gründete B. Ecevit mit der proislamisch eingestellten Nationalen Heilspartei eine Koalitionsregierung. Während dieser Koalitionsregierung bemühte sich die CHP, ihr Wirtschaftskonezpt „Volkssektor" zu verwirklichen. Der Volkssektor sollte neben Privat- und Staatssektor mit stark gemeinwirtschaftlichen Elementen aufgebaut werden und zwischen den Wirtschaftsformen der Planwirtschaft und freien Marktwirtschaft stehen. Das Ziel war eine Verbesserung der Strukturen der Landwirtschaft und Industrie und damit der Verhältnisse der Bevölkerung durch Herabsetzung des Gefälles von hohen und niedrigen Einkommen. Der Volkssektor sollte sich aus Genossenschaften, Sozialversicherungen, Volksaktiengesellschaften, Arbeitnehmergesellschaften, Gewerkschaften und ihren wirtschaftlichen Einrichtungen sowie Banken und Verbänden für Beamte, Arbeiter und Offiziere zusammensetzen. Während seiner kurzen Regierungszeit vom 1. Februar bis zum 15. September 1974 bemühte sich Ecevit um die Realisierung dieses Konzeptes, aber wegen zahlreicher innen- und außenpolitischer Schwierigkeiten, der Spannungen zwischen den Koalitionsparteien und der daraus resultierenden Kürze der Regierungszeit konnten keine langfristigen Veränderungen erwirkt werden.

1975 wurde die erste Regierung der Nationalen Front gebildet: Der Vorsitzende der Gerechtigkeitspartei S. Demirel gründete eine Koalitionsregierung mit der Nationalen Heilspartei, MSP (Milli Selamet Partisi), der Nationalistischen Bewegungspartei, MHP (Milliyetçi Hareket Partisi) und der Republikanischen Vertrauenspartei, CGP (Cumhuriyetçi Güven Partisi). Während der Regierung dieser Nationalen Front von 1975 bis 1977 entstanden immer größere wirtschaftliche Schwierigkeiten für die Türkei. Das Land litt insbesonders seit Ende 1973, unter anderem bedingt durch die Ölpreiserhöhungen, unter wachsenden wirtschaftlichen Schwierigkeiten. Die Entscheidung für das Öl als Energiequelle bei gleichzeitiger Vernachlässigung der heimischen Energiequellen wie Kohle und Wasser in den 60er Jahren brachte die Türkei in immer größere finanzielle Engpässe. Diese Entwicklung beschleunigte sich nach der Zypern-Intervention, welche die Türkei seinerzeit 15 Milliarden TL und damit ⅕ ihres Gesamthaushaltes für 1974 gekostet hatte, und im Anschluß an das amerikanische Waffenembargo. Gleichzeitig wuchs das Außenhandelsdefizit ständig an. Während es 1972 noch 666,7 Millionen US-Dollar betragen hatte, stieg es bereits 1974 sprunghaft auf 2,245 Milliarden US-Dollar. In den folgenden Jahren setzte sich diese Entwicklungstendenz fort. Die Demirel-Regierung nahm von ausländischen Banken in erster Linie kurz- bis mittelfristige Kredite mit hohen Zinsen, um in der Türkei langfristige Investitionen zu finanzieren. Diese Kreditpolitik ließ die Auslandsschulden immer mehr ansteigen. Die wirtschaftlichen Engpässe jener Zeit, die zu einer unüberwindbaren Stagnation der türkischen Wirtschaft führten, lassen sich folgendermaßen umreißen: Die Ölpreise stiegen immer höher; für Importe, besonders für Rohstoffe und Industriegüter, fehlten Devisen; wegen Terminüberschreitungen bei den Verhandlungen mit Importeuren für Weizen, Tabak und Haselnüsse gingen die Exporte sehr stark zurück; des amerikanischen Waffenembargos wegen tätigte die Demirel-Regierung Rüstungskäufe auf dem Weltmarkt, welche die türkischen Devisenreserven stark belasteten; die Überweisungen der türkischen Arbeitnehmer im Ausland gingen stark zurück.

Mit diesen wirtschaftlichen Schwierigkeiten ging die Türkei 1977 in die Wahlen. Auch bei diesen Wahlen erhielt die Republikanische Volkspartei die meisten Stimmen, konnte jedoch nicht die absolute Mehrheit erringen. Die zweite Nationale-Front-Regierung, wieder mit Demirel als Ministerpräsidenten, konnte nach einer Minderheitsregierung von kurzer Dauer unter B. Ecevit das Land von August 1977 bis Ende desselben Jahres regieren. Auch der danach folgenden Regierung Ecevits mit elf unabhängigen Parlamentariern vom Januar 1978 bis November 1979 gelang es nicht, die Wirtschaftsprobleme der Türkei zu lösen. Die wirtschaftliche Zielsetzung der sozialdemokratischen Regierung, die sich auf den Aufbau eines starken gemeinwirtschaftlichen Sektors mit betrieblicher bzw. überbetrieblicher Mitbestimmung bezog, konnte wegen der Devisenengpässe und der durch die Vorschriften des Internationalen Währungsfonds (IWF) hervorgerufenen Verzögerung ausländischer Kredite im Jahre 1978 nur in ganz begrenztem Umfang realisiert werden. Auf der anderen Seite erlebte die türkische Gesamtwirtschaft wegen der fehlerhaften Wirtschaftspolitik der vorherigen Regierung Demirels und der großen Devisenknappheit schwierige Zeiten. Die industriellen Unternehmen konnten nur mit einer durchschnittlichen Kapazität von 56 Prozent produzieren; zugleich stieg die Inflationsrate auf 43,6 Prozent wodurch die Wirtschaft des Landes weiter belastet wurde. Insgesamt gesehen konnte das chaotische Erbe der rechts-konservativen Koalitionsregierung von 1978 und 1979 unter Ecevit zwar vermindert, aber nicht überwunden werden. Die Teilsenatswahlen im Oktober 1979 und die Wahlniederlage der Republikanischen Volkspartei brachten der Türkei erneut einen Regierungswechsel, mit dem die 22monatige Regierungszeit der türkischen Sozialdemokraten endete. 1980 hatte die Türkei wieder eine Regierung unter dem konservativen Politiker S. Demirel. Die Minderheitsregierung der Gerechtigkeitspartei fand durch die Nationalistische Bewegungspartei eine Unterstützung im Parlament, so daß die Regierung Demirel 1980 eine neue Wirtschaftspolitik einführen konnte.

Sie verkündete die völlige Liberalisierung der Wirtschaft, eine Maßnahme, die als die größte wirtschaftliche Änderung seit Gründung der Republik im Jahre 1923 bezeichnet werden kann. Mit den wirtschaftlichen Entscheidungen vom 25. Januar 1980 fand nach den Empfehlungen des IWF zunächst eine 48prozentige Abwertung der türkischen Währung gegenüber dem US-$ statt. Für ausländische Investitionen wurden neue Förderungsmöglichkeiten vorgesehen. Zugleich wurden die bestehenden Begrenzungen für den Gewinntransfer der Auslandsinvestoren ins Ausland aufgehoben. Im Anschluß an drastische Preiserhöhungen zwischen 100 und 300 Prozent wurde die Politik der freien Preisbildung zugelassen, womit man einen starken Konsumverzicht im Land hervorrufen wollte. Die Kredit- und Sparzinsen wurden freigegeben, so daß die Sparzinsen auf 50 bzw. 55 Prozent stiegen. Auf der anderen Seite bewirkte diese Maßnahme ein Ansteigen der Kreditzinsen auf 70 Prozent. Die Befugnisse des Staatlichen Planungsamtes wurden stark beschränkt.

Die Aufhebung der Preisbindung und die neue Wirtschaftspolitik schufen 1980 zusätzliche Probleme, da weite Teile der Bevölkerung, Beamte ebenso wie Arbeiter, immer stärker unter den Folgen der Inflation und zu hoher Besteuerung litten. Die Inflationsrate stieg auf 108 Prozent. Trotz der erst Anfang des Jahres vorgenommenen hohen Abwertung der Währung war es nicht gelungen, die Exporteinnahmen und die Überweisungen der türkischen Arbeitnehmer im Ausland in die Türkei in dem erwarteten Umfang zu steigern. Die hohe Inflation und die Empfehlung der Regierung zu nur mäßigen Lohnerhöhungen von 56 Prozent hatten zur Folge, daß sich im September 1980 etwa 55000 Arbeiter im Streik befanden. Der von westlichen Regierungen längst erwartete

Militärputsch fand im Anschluß an diese Maßnahmen am 12. September 1980 statt. Das fünfköpfige Nationale Sicherheitskomitee unter dem Vorsitzenden General Kenan Evren setzte die erfolglose Regierung Demirel ab, untersagte die Tätigkeit aller Parteien und löste das Parlament auf.

Die von Demirel eingeleitete Wirtschaftspolitik wurde nach dem Militärputsch mit einigen Ergänzungen allerdings fortgesetzt. Die erste Ergänzung war die seit langem erwartete Steuerreform. Die zweite Maßnahme war ein Lohnstopp, verbunden mit einem Streikverbot. Ab September 1980 betrug die oberste Grenze für Lohnerhöhungen 60 Prozent. Diese Regelung galt bis Ende 1981. Für die Lohnverhandlungen 1982 wurde die Begrenzung auf 25 Prozent gesenkt. Für 1981 wurden den Beamten Gehaltssteigerungen von maximal 38 Prozent genehmigt. Diese wirtschaftspolitischen Schritte zeigten in der Türkei 1981 ihre Auswirkungen. Die Inflationsrate sank auf 40 Prozent, was primär auf einem erzwungenen Konsumverzicht breiter Bevölkerungsschichten beruhte, hervorgerufen durch die starken Realeinkommensverluste. Die Landbevölkerung sowie Arbeiter und Beamte, 85,4 Prozent der Gesamtbevölkerung, leiden unter starken Kaufkraftverlusten. Die Höchstpreispolitik, deren Ziel eine Senkung der Inlandnachfrage und eine Steigerung des Exports war, zeigte 1981 indessen nur mäßige Erfolge. Die Türkei, deren Exporte 1981 zum ersten Mal in ihrer Geschichte auf über 4,2 Milliarden Dollar gestiegen sind, profitierte hauptsächlich von ihren Beziehungen mit den arabischen Staaten. Iran, Irak und Lybien waren die wichtigsten türkischen Exportländer. Auch 1981 ließen sich keine großen Änderungen innerhalb der Struktur der türkischen Exporte feststellen. Der mengenmäßige Rückgang der Exporte stellt seit 1978 ein Problem dar, das auch 1981 nicht zufriedenstellend gelöst werden konnte. Die freizügige Förderung der Privatindustrie auf Kosten des Staatssektors sowie die Exportförderung durch den Staat konnten nicht verhindern, daß die türkische Wirtschaft in einigen wichtigen Bereichen große Produktionsverluste hinnehmen mußte. Trotz Streikverbots und Lohnstopps mußten wichtige Industriebereiche wie Bau-, Auto- und Textilindustrie stark unter der gegenwärtigen Wirtschaftspolitik leiden. Die mangelnde inländische Nachfrage bewirkte, daß auch arbeitsmarktpolitisch wichtige Bereiche wie Bauindustrie, Textilindustrie und Autoindustrie ihre Produktion stark reduzieren mußten.

Das wichtigste Problem der Türkei, die Arbeitslosigkeit, wird durch die neue Wirtschaftspolitik zur Zeit stark beeinflußt. Die Türkei war seit 1963, als das Planungsamt begann, die Wirtschaft nach Fünfjahresplänen aufzubauen, an hohe Wachstumsraten zwischen 6 und 8 Prozent gewöhnt, 1979 hatte die Türkei erstmals ein Null-Wachstum zu verzeichnen. Die Verschlechterung der Wachstumsrate auf minus 2,2 Prozent im Jahre 1980 brachte der Türkei unüberwindbare arbeitsmarktpolitische Engpässe. 1981 konnte die Wachstumsrate wieder auf 4,4 Prozent erhöht werden. Die Engpässe auf dem Arbeitsmarkt konnten dennoch nicht beseitigt werden.

Die wirtschaftlichen Entwicklungen bis dahin und ihre verschiedenen Phasen werden die Zukunft der Türkei langfristig beeinflussen. Die Türkei wird nach den heutigen Bevölkerungswachstumsraten im Jahre 2000 ca. 68 Millionen Einwohner haben. Die reichhaltigen Rohstoffe und das große Arbeitspotential sind Ressourcen, die im Fall einer effektiven Wirtschaftspolitik die Entwicklung des Landes außerordentlich fördern könnten.

Während der 70er Jahre und zu Beginn der 80er Jahre hat die Türkei die wirtschaftliche Bedeutung der Beziehungen mit den Staaten der Dritten Welt und mit den arabischen Staaten entdeckt. Eine weitere wirtschaftspolitische Alternative könnte für die Türkei, wie auch für andere Mittelmeerstaaten, die wirtschaftlich und politisch mit der Türkei vergleichbar sind, in einem Verbund der Mittelmeerstaaten liegen, welcher der Vertretung gemeinsamer Interessen sowohl gegenüber den entwickelten westeuropäischen als auch den früheren Staaten der RGW dienen kann.

5. *Die türkische Wirtschaft der achtziger Jahre*

Eine 10jährige liberale Wirtschaftspolitik kann gegenüber den oben geschilderten Problemen einige positive Resultate verzeichnen, die sich insbesondere in der ersten Hälfte dieses Zeitraumes rasch bemerkbar machten. So betrug die durchschnittliche reale Wirtschaftswachstumsrate der Türkei im Zeitraum von 1981–1989 4,8 Prozent und lag somit über der Durchschnittsrate der OECD- und der EG-Länder.

Im letzten Jahrzehnt setzte sich der Strukturwandel fort. So war 1987 der Anteil der Landwirtschaft am Bruttoinlandsprodukt von 21,7 Prozent 1980 auf 16,7 Prozent gesunken, während der des Industriesektors von 31,0 Prozent auf 36,2 Prozent gestiegen war und der des Dienstleistungssektors in etwa konstant blieb (47,1 Prozent). Da sich die Wachstumseffekte regional unterschiedlich auswirkten, blieben die regionalen Disparitäten weiterhin bestehen. Der Anschluß der ländlichen Regionen an die sozio-ökonomische Entwicklung in den industriellen Ballungsgebieten im Westen ist weitgehend nicht gewährleistet.

Ein überragendes Ergebnis wurde im Bereich der außenwirtschaftlichen Beziehungen erzielt. Die Exporte stiegen 1981 im Vergleich zum Vorjahr um 62 Prozent, 1982 um 22 Prozent. 1989 erreichten die Güterexporterlöse mit 11,6 Mrd. Dollar das Vierfache der Erlöse von 1980. Die Güterstruktur der Exporte ist zum größten Teil (1989 fast 80 Prozent) durch verarbeitete Industriewaren charakterisiert, die sich zu 46 Prozent aus arbeitsintensiven Gütern, zu 17 Prozent aus geringfügig weiterverarbeiteten natürlichen Ressourcen und zu 35 Prozent aus Massenherstellungswaren zusammensetzen. Der Anteil der High-Technology-Güter an den exportierten Industriegütern ist hingegen sehr gering.

Neben der Exporterhöhung trugen Gastarbeiterüberweisungen (1989 ca. 2,7 Mrd. Dollar) und die steigenden Tourismuseinnahmen (1989 ca. 2,6 Mrd. Dollar; 1990 ca. 3,2 Mrd. Dollar; 1980 nur 0,326 Mrd. Dollar) zur Verringerung des Leistungsbilanzdefizits bei.

Auch die Inflationsrate konnte gesenkt werden. Sie lag 1980 bei über 100 Prozent. 1982 erreichte sie den tiefsten Stand der achtziger Jahre (26 Prozent). Dennoch zählt das Problem der Preisniveauinstabilität zu den chronischen und ungelösten Problemen der Türkei. Die nach anfänglichem Rückgang wieder gestiegene Inflationsrate lag Anfang 1990 bei 73 Prozent. Das Problem der Inflation wird sich in den kommenden Jahren weiter verschärfen, da der Anstieg der Ölpreise wegen der Golfkrise die Produktion und die Importe verteuern wird. Andererseits werden die Kosten, die aufgrund des verhängten Wirtschaftsembargos sowie durch gestiegene Verteidigungsausgaben entstehen, gesamtwirtschaftlich zu spüren sein. Hinzu kommen noch die Preiszuschläge seitens der Hersteller und Händler, die diese Gelegenheit ausnutzen und im Schatten des Ölpreisanstiegs spekulative Gewinne ergattern wollen.

Ein weiteres Problem der Türkei betrifft die arbeitsmarktpolitischen Engpässe, die trotz der hohen Wachstumsraten der 80er Jahre nicht beseitigt werden konnten. Die Arbeitslosenquote sank zwar bis 1989 auf ca. 13,7 Prozent, nachdem sie zwischen 1980 und 1985 von 14,5 Prozent auf 16,3 Prozent angestiegen war. Sie ist jedoch weiterhin sehr hoch, insbesondere wenn man bedenkt, daß die verdeckte Arbeitslosigkeit bei diesen Zahlen nicht berücksichtigt wurde. Geht man davon aus, daß jährlich bis zu 950000 neue Arbeitskräfte auf den Markt drängen und daß eine Wachstumsrate von 1 Prozent ca. 60000 neue Arbeitsplätze bringt, so werden die zukünftigen Schwierigkeiten des Landes deutlich.

XII. Die Türkei als assoziiertes Mitglied der Europäischen Gemeinschaft

Noch vor dem Militärputsch im Jahre 1960 hatte die Demokratische Partei unter Ministerpräsident A. Menderes erste Schritte im Hinblick auf eine Mitgliedschaft seines Landes in der EG, damals noch EWG, unternommen. Seine Bemühungen zeigten mit dem Abschluß des Assoziierungsvertrages vom 25. Juni 1963 ihre ersten Früchte. In der Zeit zwischen der ersten Antragstellung im Jahre 1959 und der Paraphierung des Abkommens von 1963 waren insgesamt neun Verhandlungen zwischen der Türkei und den Mitgliedstaaten der damaligen EWG erforderlich, da – abgesehen von der Bundesrepublik Deutschland – die übrigen Staaten aus unterschiedlichen Gründen nicht gewillt waren, den Antrag der Türkei anzunehmen. Den größten Widerstand leistete Frankreich, das die Türkei weder von ihrer wirtschaftlichen Entwicklung her noch im Hinblick auf ihre geographische Lage und ihre kulturelle und soziale Struktur als ein europäisches Land akzeptieren wollte. Italiens Widerstand hatte eher wirtschaftliche Hintergründe; er war primär auf die Furcht vor einer möglichen Konkurrenz auf dem landwirtschaftlichen Sektor zurückzuführen, denn die Türkei hatte den Wunsch nach Exporterleichterungen für gewisse Produkte wie Weintrauben und Haselnüsse geäußert. Nur dem Einsatz und der starken Unterstützung der Bundesrepublik Deutschland ist es zu verdanken, daß der als „Ankara-Abkommen“ bezeichnete Assoziationsvertrag dennoch unterzeichnet werden konnte.

Die Struktur des Vertrages sah drei Phasen vor: die Vorbereitungsphase, die Übergangs- und die Endphase. Die Vorbereitungsdauer war für die Zeit von 5 Jahren vorgesehen; sie konnte bis auf maximal zwölf Jahre verlängert werden; sie endete am 1. Januar 1973.

Die Türkei hatte für diesen Zeitraum große Unterstützung seitens der EG-Mitgliedstaaten erwartet, die jedoch insofern ausblieb, als die Türkei ihre Exporte in Staaten der EG nicht erhöhen konnte. Während der Vorbereitungsphase erhielt die Türkei trotz intensiver Verhandlungen von den EG-Mitgliedstaaten nicht mehr als insgesamt 175 Millionen Dollar an Krediten, die zu 75% an Privatunternehmen vergeben wurden.

Die Übergangsphase begann für die Türkei am 1. Januar 1973. Für diese Zeit sah der Vertrag die Zollvereinigung für Industriegüter, Vorbereitung der Freizügigkeit türkischer Arbeitnehmer und Zollbefreiungen für die landwirtschaftlichen Produkte der Türkei vor. Vom Beginn der Übergangsphase im Jahr 1973 bis zum heutigen Tag hat die Türkei sieben verschiedene Regierungen erlebt, an denen fünf verschiedene Parteien als Koalitionspartner oder allein, als Minderheitsregierung, mitgewirkt haben. Alle diese Parteien nahmen der EG gegenüber verschiedene Haltungen ein, wobei sich die Positionen und der Stellenwert, der einer Mitgliedschaft der Türkei in der EG beigemessen wurde, häufig geändert haben. Ständige Verhandlungen mit der EG und die notwendige Vertiefung der Beziehungen wurden verzögert, was teilweise auf die schweren innenpolitischen Probleme des Landes, teilweise aber auch auf eine, zur Erhaltung der Regierungsmacht gebotene, Rücksichtnahme auf den jeweiligen Koalitionspartner zurückgeführt werden kann.

Wie sehr die Kontakte zur EG von den Programmen und Zusammensetzungen der jeweiligen Regierungen abhingen, wurde u. a. während der Anfang 1974 von der Republikanischen Volkspartei und der Nationalen Heilspartei gebildeten Koalitionsregierung deutlich. Die CHP verkündete in ihrem Parteiprogramm vom September 1973 erstmals ein neues, von uns erwähntes, ökonomisches Konzept, das sie „Volkssektor" nannte. Es beinhaltet u. a., daß Investitionen der Arbeiter, Angestellten und Bauern, die normalerweise einzeln oder in kleineren Gruppen keine Möglichkeit zur Investition haben, vom Staat unterstützt und in jeder Hinsicht gefördert werden. Dieses neue Wirtschaftskonzept verhalf der Republikanischen Volkspartei zu ihrem Wahlsieg Ende 1973.

Der Volkssektor, der von seiner Idee her kleinere und mittlere Betriebe fördern und neue Unternehmen mit neuen Eigentums- und Beteiligungsverhältnissen errichten sollte, barg in sich gewisse Probleme, die mit den Richtlinien des Assoziierungsabkommens während der Übergangsphase nicht zu vereinen waren. Die großen Holdings der Türkei, die nach dieser Vereinbarung Exportvorteile erhalten sollten, wurden im Volkssektor nicht berücksichtigt und konnten nach dem Konzept auch in Zukunft nicht mit einer Unterstützung des Staates rechnen. Die Nationale Heilspartei, die damals der Koalitionspartner der Republikanischen Volkspartei war, zeigte eine ablehnende Haltung gegenüber der EG, die zu ihrer pro-islamischen Grundkonzeption gehörte. Daß während dieser Zeit seitens der türkischen Regierung keine intensiven Kontakte zur EG gepflegt wurden, liegt auf der Hand.

So unterschiedlich die Grundhaltungen der türkischen Parteien gegenüber der EG auch sein mögen, so gibt es doch eine Gemeinsamkeit: ihre Wirtschaftspolitiker knüpfen große Erwartungen an eine Mitgliedschaft in der EG und zwar im Hinblick auf die hierdurch mögliche Freizügigkeit der Arbeitnehmer. Die ständig wachsende Arbeitslosigkeit bei einer jährlichen Wachstumsrate der Bevölkerung von 2,5 Prozent stellt die Türkei vor ein kaum lösbares Problem. Da sich die Türkei von einer EG-Mitgliedschaft vor allem Erleichterungen bei diesem Problem verspricht, sollen hier die Gründe und eventuellen Lösungsmöglichkeiten kurz erörtert werden.

Das Problem geht zurück auf den Anfang der 50er Jahre. Die Modernisierung der Landwirtschaft und Fehlplanungen in der Industrie zwingen seit damals die Türkei dazu, mit einer hohen Arbeitslosenzahl zu leben. Zwar gibt es keine absolut zuverlässigen Zahlen, da es in der Türkei weder Arbeitslosengeld noch Arbeitslosenunterstützung gibt und insofern auch keine Motivation, sich bei den Arbeitsämtern registrieren zu lassen. Bei einem Gesamtarbeitskräfteangebot von 13,133 Millionen im Jahr 1962 gab es insgesamt im In- und Ausland 1,460 Millionen Arbeitslose, das sind 11 Prozent. Demgegenüber betrug die Zahl der von Arbeitsämtern in der Türkei registrierten Arbeitslosen 1989 rund 1,2 Millionen, was einer Arbeitslosigkeit von 16 Prozent entspricht. In den 60er und 70er Jahren lag die Arbeitslosenquote bei ungefähr 12,1 Prozent 1967, bei 13,9 Prozent 1978, wobei die Nachfrage an Arbeitskräften immer erheblich unter dem Angebot lag. Die jährliche Zuwachsrate des erwerbsfähigen Bevölkerungsanteils vom 15. bis 64. Lebensjahr beträgt 2,4 Prozent; davon finden nur 1,2 Prozent Arbeit.

Betrachtet man die sektorale Aufteilung der Beschäftigung, so stellt der Agrarsektor trotz einer abnehmenden Tendenz auch heute noch das Hauptbeschäftigungsgebiet dar. Fast 50 Prozent der zivilen Erwerbstätigen fanden 1990 in diesem Sektor eine Beschäftigung. 1975 waren es noch 61 Prozent.

Zu Anfang der 60er Jahre führte die wachsende Arbeitslosigkeit im Lande dazu, daß eine Abwanderung der Arbeitskräfte in die westlichen Industriestaaten einsetzte. Nach dem Anwerbestop der Bundesrepublik Deutschland 1973 kam es daneben auch zu einer Entsendung türkischer Arbeitskräfte in die durch den Ölboom wohlhabend gewordenen arabischen Staaten. Mit diesem Export von Arbeitskräften begann eine neue Phase der türkischen Wirtschaftspolitik: die Entwicklung des Landes hing nunmehr von der Entsendung türkischer Arbeitnehmer ins Ausland und von deren Geldüberweisungen, die 1964 nur 8,1 Millionen Dollar betragen hatten, ab. Sie stiegen 1973 auf 1,183 Milliarden Dollar und 1974 auf 1,426 Milliarden Dollar. Nachdem die Gastarbeiterüberweisungen nach 1976 zunächst bei einer Milliarde Dollar verharrten und gegen Ende der 70er Jahre spürbar rückläufig waren, stiegen sie seit den 80er Jahren trotz geringer Auf- und Abwärtsschwankungen so stark an, daß sie 1989 ca. 2,7 Milliarden Dollar betrugen.

Trotz des Anwerbestops stieg die Zahl der in der Bundesrepublik Deutschland lebenden Türken wegen der Familienzusammenführung immer weiter. Hinzu kam die wachsende Zahl der türkischen Asylanten, insbesondere nach dem Militärputsch im September 1980. Demgegenüber ist die Anzahl der in die Türkei zurückkehrenden Arbeitnehmer seit 1978 rückläufig. Bis Ende 1978 kehrten pro Jahr durchschnittlich 30000 Türken endgültig in die

Heimat zurück. Diese Zahl geht seitdem zurück. Die neue Einstellung zu einer endgültigen Rückkehr in die Türkei wirkt sich sowohl in der Türkei als auch in Deutschland aus. Die Türkei-Investitionen türkischer Arbeitnehmer im Ausland nehmen spürbar ab. Steigende Inflation und politische Unruhen halten sie davon ab, in ihrem Heimatland zu investieren. Hinzu kommt der wirtschaftliche Mißerfolg der türkischen Arbeitnehmergesellschaften, die, als Kollektivinvestitionen im Ausland tätiger Arbeitnehmer in der Türkei, eine letzte Hoffnung zur Sicherung eines Arbeitsplatzes bei einer Rückkehr dargestellt hatten.

Die zuvor geschilderte Situation der Arbeitslosigkeit macht verständlich, daß für die Türkei der größte Anreiz einer EG-Mitgliedschaft in der Freizügigkeit der Arbeitnehmer besteht, die während des wirtschaftlichen Aufschwungs in Westeuropa von Brüssel in Aussicht gestellt wurde. Artikel 36 des Assoziierungsvertrags sah die volle Freizügigkeit für die Türkei ab 1986 vor. In diesem Zusammenhang machte die EG-Kommission auf die veränderte Wirtschaftslage aufmerksam. Stagnation, Inflation und Rezession sorgten auch innerhalb der EG-Mitgliedstaaten für eine relativ hohe Zahl von Arbeitslosen. Hinzu kam der Beitritt von Griechenland, Spanien und Portugal, welche die ihnen zugesagte Freizügigkeit innerhalb der EG in Anspruch nehmen. Die Erwartungen der Türkei werden somit in absehbarer Zeit keine Erfüllung finden.

Die neuesten Entwicklungen nach dem Beitrittsersuchen der Türkei am 14. April 1987 haben gezeigt, daß die Vollmitgliedschaft der Türkei auf unbestimmte Zeit verschoben wurde. Nach der rund zweieinhalb Jahre dauernden Prüfung des türkischen Antrags auf Vollmitgliedschaft kam die EG-Kommission zu dem Schluß, daß die Türkei aufgrund des – trotz aller Fortschritte – weiterbestehenden gravierenden Abstands ihrer sozialen und wirtschaftlichen Struktur vom EG-Durchschnitt noch nicht reif sei, in die Gemeinschaft aufgenommen zu werden. Die Kommission schlug vor, die Beitrittsverhandlungen erst nach der Vollendung des Binnenmarktes und der Verwirklichung der Wirtschafts- und Währungsunion aufzunehmen, was auch vom EG-Ministerrat im Februar 1990 akzeptiert wurde.

Sowohl dieser Beschluß als auch der rasche Wandel in Ost-Europa sowie die Wiedervereinigung Deutschlands deuten darauf hin, daß der Wunsch der Türkei, Vollmitglied der EG zu werden, auf lange Sicht unerfüllt bleiben wird.

Alle Parteien und alle Wirtschaftsspezialisten der Türkei wissen, daß das Land trotz der wirtschaftlichen Erfolge, die erzielt wurden, das Problem der Arbeitslosigkeit kurz- bis mittelfristig nicht allein wird lösen können, was ein großes Hindernis für eine Aufnahme in die EG darstellt.

Auch die Hoffnungen, die nach der völligen Liberalisierung der Vorschriften in ausländische Investitionen gesetzt wurden, haben sich nicht erfüllt. Infolge der nach 1980 ergriffenen Maßnahmen stieg das Volumen der ausländischen Investitionen zwar deutlich an, dennoch reichen diese nicht aus, um das Problem der Arbeitslosigkeit einigermaßen zu mildern.

Auch die arabischen Länder stellen eine Alternative dar. Abgesehen davon, daß es sich dort in der Regel nur um eine befristete Arbeitstätigkeit an bestimmten Projekten handelt, fehlt dort vor allem das Netz der sozialen Sicherung, auf das die türkischen Arbeitnehmer nicht verzichten möchten.

Auf dem deutschen Arbeitsmarkt werden die türkischen Arbeitnehmer nach den deutschen und den aus anderen EG-Staaten stammenden Arbeitnehmern bevorzugt behandelt. Nach der Mitgliedschaft Griechenlands, Spaniens und Portugals in der EG sanken aber die Chancen der Türken, so daß sich auch von dieser Regelung keine Lösung des türkischen Problems erhoffen läßt. Ohne den Export von Arbeitskräften und die damit verbundenen Gastarbeiterüberweisungen wäre die Türkei jedoch in ihrer wirtschaftlichen Existenz in starkem Maße beeinträchtigt.

1979 konnte die Türkei nur 23630 Arbeitnehmer ins Ausland schicken, hauptsächlich in die arabischen Staaten; sie erhielt in diesem Jahr insgesamt 1,894 Milliarden Dollar an Gastarbeiterüberweisungen. Diese hohe Überweisungssumme war jedoch, wie erwähnt, einmalig. Sie ist darauf zurückzuführen, daß die damalige Regierung Ecevit Gastarbeiterüberweisungen in den Monaten April und Mai stark subventioniert hatte. So gingen allein im Mai

1979 639 Mio. Dollar und damit etwa 38 Prozent der gesamten Überweisungen des Jahres ein.

1980 blieb die Summe der Gastarbeiterüberweisungen erheblich hinter dem erwarteten Betrag zurück. Seither ist die Summe der Gastarbeiterüberweisungen zwar erneut gestiegen, aber insgesamt gesehen bevorzugen die Türken, nachdem sie ihre Familienangehörigen nachgeholt haben, heute Investitionen in Deutschland. Diese Tendenz läßt sich etwa seit Mitte 1979 ganz deutlich daran feststellen, daß die Türken seitdem immer häufiger Hausgrundstücke oder Eigentumswohnungen in Deutschland erwerben und verstärkt Lebensversicherungs- und Bausparverträge abschließen. Dies sind Symptome für einen langfristig kalkulierten Aufenthalt in Deutschland.

XIII. Die Parteien und ihre Zielsetzungen

Die ersten Wahlen, die nach dem Militärputsch von 1971 im Jahr 1973 in der Türkei stattfanden, brachten eine Überraschung. Denn aus ihnen gingen als Wahlsieger die Sozialdemokraten unter Führung von Bülent Ecevit hervor. Da keine Partei die absolute Mehrheit im Parlament erreicht hatte, entstand zunächst eine dreieinhalb Monate dauernde Regierungskrise. Schließlich stimmte die Heilspartei, MSP, eine islamisch ausgerichtete, konservative Partei unter Führung von Professor Necmettin Erbakan, einer Regierungsbildung mit der CHP zu. Allerdings scheiterte die Koalitionsregierung bereits nach acht Monaten. Ursache hierfür war die Zypernkrise einerseits und andererseits die Diskrepanz zwischen den ökonomischen Konzepten beider Parteien. Im Anschluß kam es zu einer Phase von überparteilichen Regierungen, da sich die Parteien wieder nicht darüber einigen konnten, in welcher Form eine Koalition zu bilden sei. Im April 1975 bildete der Vorsitzende der Gerechtigkeitspartei, AP, Süleyman Demirel, endlich eine Regierung mit drei Koalitionspartnern: der Heilspartei, der Nationalistischen Bewegungspartei und der Republikanischen Volkspartei. Während der Regierung dieser „Nationalistischen Front“, wie sie sich selbst nannte, von 1975 bis Juni 1977 entstanden immer größere Schwierigkeiten für die Türkei. Die Zeit ist gekennzeichnet durch heftige Studentenunruhen, insbesondere durch gewalttätige Aktionen der Rechtsextremisten, Anhängern der Nationalistischen Bewegungspartei und ihren Kommandos, die häufig in blutigen Auseinandersetzungen endeten und von der Regierung nicht nur geduldet, sondern indirekt unterstützt wurden. Ein weiteres Problem stellte die rapide steigende Inflation dar, die aus dem unerwartet starken Rückgang des türkischen Exportgeschäfts im ersten Vierteljahr 1977 resultierte und aus den schlagartig gestiegenen Rüstungsaufwendungen. Vor den Wahlen von 1977 war es zweifelhaft, ob und wie die Wahlen überhaupt würden stattfinden können; schließlich waren mehrere Attentate in Mittel- und Ostanatolien gegen B. Ecevit verübt worden und hatte die Demonstration am 1. Mai zu blutigen Auseinandersetzungen geführt.

1. Die Parteien bis zum Militärputsch vom 12. September 1980

Die Türkische Sozialistische Arbeiterpartei, die Revolutionäre Sozialistische Partei, die Partei der Arbeiter, die Nationale Ordnungspartei und die Volkspartei wurden zu den Wahlen nicht zugelassen, da sie die hierfür erforderlichen Mindestvoraussetzungen nicht erfüllten. Aus diesem Grund kann auf ihre Darstellung verzichtet werden.

Zur Wahl stellten sich acht Parteien, deren Programme und ökonomische Konzepte im folgenden skizziert werden sollen: Die *Türkische Arbeiterpartei,* TIP (Türkiye Iş Partisi), deren Vorsitzender Behice Boran war, wirkte nach dem Militärputsch im Jahre 1960 im Parlament mit, wurde jedoch 1971 von dem Militärregime, das in demselben Jahr durch einen Putsch die Macht ergriffen hatte, anläßlich einschneidender Verfassungsänderungen verboten. Sie bekannte sich zur marxistischen Linie und beabsichtigte die Verstaatlichung des Bank- und Versicherungswesens, des Exports und Imports. Ferner stehen die Gründung einer Arbeitslosenversicherung für Arbeiter und Bauern und die Gewährung des Streikrechts und des Rechts für die Beamten, Gewerkschaften zu gründen, in ihrem Programm.

Nachdem die *Türkische Einheitspartei,* TBP (Türkiye Birlik Partisi) mit dem Vorsitzenden Mustafa Timisi zunächst vor einem religiösen Hintergrund gegründet worden war, entwickelte sie sich ab 1972 zu einer linksorientierten Partei. Sie stellte zwar eine Konkurrenz für die CHP dar, da sie sich jedoch nur in wenigen Städten an den Wahlen beteiligte, hatte sie keine wesentliche Bedeutung für deren Ausgang, ebenso wenig wie die TIP.

Die Gründung der *Republikanischen Vertrauenspartei,* CGP (Cumhuriyet Güven Partisi), mit Turhan Feyzioğlu als Vorsitzendem, war letztlich auf einen Konkurrenzkampf zwischen ihm, der zunächst der CHP angehörte, und dem damaligen Parteisekretär der CHP, B. Ecevit, zurückzuführen. Ende der 60er Jahre verließ er mit seinen Anhängern die CHP, um die Republikanische Vertrauenspartei zu gründen, welche nach eigenen Angaben die kemalistische Linie verfolgte, wie sie Kemal Atatürk selbst gezeigt hatte. Sie vermochte aber kein ökonomisches Konzept anzubieten.

Bei der Gründung der *Demokratischen Partei,* DP (Demokratik Partisi), deren Vorsitzender Ferruh Bozbeyli war, ließen sich Parallelen zur Gründung der Vertrauenspartei erkennen. Sie ging aus Konflikten zwischen dem Parteiführer der Gerechtigkeitspartei, S. Demirel, und einer Gruppe von Parteimitgliedern unter der Führung von Bozbeyli hervor, die sich 1971 von der Partei trennten. Sie wurde von zahlreichen Großgrundbesitzern unterstützt, die die damals bestehende feudale Ordnung vertraten, jedoch weder über eine eigene Ideologie noch über eine bestimmte ökonomische Zielsetzung verfügten.

Die neo-faschistische Partei der *Nationalistischen Bewegung,* MHP (Milliyetçi Hareket Partisi), mit dem Vorsitzenden Alpaslan Türkeş strebte in erster Linie die Befreiung aller Turkvölker in Asien, speziell in der Sowjetunion, an. Kernpunkt ihrer Ideologie war das Ideal der Gründung einer Großtürkei. Die Zielsetzung dieser Partei wurde „Nationale Doktrin der neun Lichter" genannt. Die „Neun Lichter" sind: Nationalismus, Idealismus, Ehrgefühl, Wissenschaft, Einheit, Bauernschaft, Freiheit und Unabhängigkeit, Fortschritt, Industrie. Als Führer eines großtürkischen Volkes, dessen Stämme sich weit über die Sowjetunion bis in die Mongolei erstrecken, 180 Millionen Menschen umfassend, meldete der frühere Oberst Alpaslan Türkeş Weltmachtansprüche an. Als Führer der Nationalistischen Bewegungspartei konnte er während der Koalitionszeit mit Demirel seine Jugendorganisation aufbauen und mit Hilfe eines der Partei nahestehenden Gewerkschaftsbundes selbst unter den Arbeitern Fuß fassen. Als große Gefahr für die türkische Demokratie lehnten die Neo-Faschisten sowohl das marxistische System als auch den Kapitalismus ab. Statt dessen schlugen sie einen „Dritten Weg" vor, ein Konzept, dem sie indes durch ihren engen Kontakt mit den türkischen Großunternehmern, die während der Regierung der Nationalistischen Front ihre spekulativen Gewinne auf Kosten breiter Bevölkerungsschichten erheblich gesteigert hatten, selbst widersprachen. Stellt man das Programm der Nationalistischen Bewegungspartei dem der Republikanischen Volkspartei gegenüber, wird deutlich, daß die MHP das wirtschaftliche Konzept der CHP „Volkssektor" als „Nationalsektor" und das Konzept „Errichtung der Zentraldörfer" als „landwirtschaftliche Zentrale" übernommen und nach eigenem Muster geprägt hat. Türkeş baute, gleichsam als Privatarmee, eine schwerbewaffnete Jugendorganisation auf, deren Mitglieder sich „Idealisten" (Ülkücüler) oder „Graue Wölfe" nennen und die „Ausrottung der roten Anarchie", die Verfolgung von Kommunisten, Freimaurern und Zionisten, mit allen Mitteln betreiben. Die „Kommandos", wie die Leibgarde Türkeş' allgemein heißt, haben mit Sicherheit die meisten politischen Morde in der Türkei während der vergangenen Jahre zu verantworten. Die MHP, die besonders von Jugendlichen starken Zuspruch erfuhr, arbeitete intensiv bei der Entwicklung und Verbreitung ihres philosophischen und ökonomischen Konzepts mit vielen rechtseingestellten Universitätsprofessoren zusammen.

Die *Nationale Heilspartei,* MSP (Milli Selamet Partisi), unter Führung von Professor Necmettin Erbakan, der während des Zweiten Weltkriegs in Aachen studiert hat, baute ihr Programm auf der Rückkehr des Kalifats und der Reislamisierung der Türkei auf. Erbakan lehnte alle vertraglichen Bindungen der Türkei mit der westlichen Welt ab. Statt dessen wollte er einen gemeinsamen Wirtschaftsmarkt mit den arabischen Ländern aufbauen und die Industrialisierung der Türkei vorantreiben. Die Lösungsvorschläge der Partei für Probleme zwischen Arbeitnehmern und Arbeitgebern und für andere gesellschaftliche Konflikte basierten letztlich auf dem Gedanken der islamischen Brüderschaft. Mit Vorschlägen, die nach den Vorschriften des Korans ausgerichtet sind, wollte sie die bestehenden Probleme lösen und die Jugend nach islamischen Gesetzen und islamischer Philosophie zu einer neuen Moral erziehen. Zu diesem Zweck gründete sie während der Regierungszeit der Nationalistischen Front über dreihundert Islamische Mittelschulen und weitere, nach türkischem Recht nicht zugelassene Koranschulen für Kinder vom vierten bis zum neunten Lebensjahr. Die Partei suchte ihre Wählerschaft in der Gruppe der kleinen Geschäftsleute in Anatolien einerseits und andererseits in der stark gläubigen Bauernschaft mittelanatolischer Städte.

Die *Gerechtigkeitspartei,* AP (Adalet Partisi), deren Vorsitzender Süleyman Demirel war, und die nach den Wahlen von 1965 und 1969 allein die Regierung hatte bilden können, verlor bei den Wahlen im Jahre 1973 ihre Führungsrolle und konnte sich hinter der Republikanischen Volkspartei nur noch als zweitstärkste Partei behaupten. Die Gerechtigkeitspartei, 1961 als Nachfolgerin der aufgelösten Demokratischen Partei Menderes' gegründet, verstand sich von Anfang an als Interessenvertretung der bürgerlichen Schichten und der Großgrundbesitzer. Demirel legte während seiner Regierungszeit großes Gewicht auf die Zusammenarbeit mit den USA, förderte aber neben ausländischen Investitionen auch die Privatinitiative. Zugleich wuchs auch die militärische Abhängigkeit von den USA; innerhalb der NATO verpflichtete sich die Türkei, die größte Armee in Europa zu unterhalten. Das ökonomische Ziel der Gerechtigkeitspartei, die ihre Wähler vorwiegend unter Bauern und Vertretern des Groß- und Kleinbürgertums fand, lag in erster Linie in der Unterstützung der türkischen Privatindustrie.

Die *Republikanische Volkspartei* erfuhr nach der Absetzung Demirels durch das Militär im Jahr 1971 eine tiefe strukturelle Veränderung zum Flügel der kemalistischen Linken hin. Ihr Repräsentant, der ehemalige Generalsekretär der CHP, Bülent Ecevit, wurde auf dem fünften außerordentlichen Parteitag am 1. Juli 1972 zum Vorsitzenden seiner Partei gewählt. Er löste damit den 88jährigen Ismet Inönü ab und leitete eine neue politische Entwicklung in der CHP ein. Ecevit, der sich selbst als Repräsentant einer Art von „Sozialdemokratie" bezeichnet, mußte durch seinen linken Kurs zwangsläufig auf den Widerstand der konservativen Gruppe in seiner Partei, der Großgrundbesitzer und Industriellen, stoßen, die ihn seit Jahren heftig angriffen. Nach seiner Wahl zum Parteivorsitzenden verließen viele konservative Parlamentarier und Mitglieder die Partei.

Obwohl Ecevit selbst kein Wirtschaftswissenschaftler war, hatte er intensiven Kontakt mit den Wirtschafts- und Soziologieprofessoren der Universität Ankara aufgenommen, um mit ihnen die Grundlinien des Volkssektors auszuarbeiten. Sie wollten ein eigenes Wirtschaftsmodell aufbauen, nach dem die türkische Wirtschaft aus drei Teilen bestehen sollte: Staatssektor, Privatsektor und Volkssektor, in dem Arbeiter und Bauern selbst investieren und ihre Unternehmen selbst verwalten könnten. Ecevit setzte in seiner Amtszeit bis 1965 für die Arbeiter der Türkei das Streikrecht und soziale Verbesserungen durch, die ihn vor allem unter den Bergleuten und den Beschäftigten in den Stahlwerken populär werden ließen, so daß er großes Vertrauen unter den Arbeitern genoß. Seine Amtszeit als Arbeitsminister in den Jahren 1961 bis 1965 unter der Regierung Inönü hatten ihn bekannt gemacht. Ecevit legte großen Wert auf die sechs Prinzipien, die Atatürk nach der Gründung der Republik aufgestellt hatte.

Das Jahr 1973 war für die Türkei ein wichtiges Jahr. Es blieb bis zuletzt unklar, ob die Militärs die geplanten Wahlen am 14. Oktober 1973 und damit ein Ende ihrer Macht zulassen würden. In den Reihen der CHP fand eine sehr umfangreiche Wahlvorbereitung statt. Die Gedanken für den Volkssektor wurden unter Leitung von B. Ecevit und zwei Theoretikern der Partei: Cahit Kayra, dem späteren Minister für Energie und Bodenschätze, und Alí Nejat Ölçen, dem persönlichen Berater Ecevits, ausgearbeitet. Das Parteiprogramm für „Bessere Tage“, in dem sich auch die Richtlinien des Volkssektors fanden, wurde am 15. September 1973 veröffentlicht. Hierin wurde die Idee des Volkssektors so umrissen: Genossenschaften, Sozialversicherungen, Vereine, Volksaktiengesellschaften, Organisationen der türkischen Arbeitnehmer im Ausland, Gewerkschaften und ihre Investitionen, d. h. die der Arbeiter, Angestellten und Bauern, die normalerweise einzeln oder in kleineren Gruppen keine Möglichkeit hatten zu investieren, wurden vom Staat unterstützt und in jeder Hinsicht gefördert. Der Führer der Republikaner unterstrich den nahezu gleichen Anteil von Staats- und Privatunternehmen in der Volkswirtschaft des Landes, wozu nach seinen Vorstellungen künftig noch als „dritter Sektor" volkseigene Betriebe und landwirtschaftliche Kooperativen kommen sollten, Produktionsmittel im Besitz der Produzenten. Ecevit verwies dabei auf positive Beispiele in Israel. Den Begriff Volkssektor versuchte Ecevit außer im Parteiprogramm in vielen seiner Reden und Interviews in wirtschaftlicher und soziologischer Hinsicht zu erklären. Er betrachtete den Volkssektor nicht nur als ein ökonomisches System. Ein solches würde zwar das Hauptgebiet des Volkssektors sein; das eigentliche Ziel wäre aber, die Bevölkerung am politischen Willensbildungsprozeß aktiv zu beteiligen.

Wenn man die beiden Parteiprogramme der CHP vor den Wahlen von 1969 und vor den Wahlen von 1973 vergleicht, wird deutlich, daß das zweite Programm „Für Bessere Tage" eine erweiterte und konkrete Bearbeitung des Programms von 1969 war. Ecevit konnte viele Aspekte, auf die er schon 1969 eingehen wollte, die er aber der traditionellen und konservativen Einstellung Inönüs und dessen Machtpositionen als Parteiführer wegen nicht betonen konnte, im Jahr 1973 in das Programm der CHP aufnehmen, nachdem seine Position als Parteiführer gefestigt war. Als wichtigste Programmpunkte sind zu nennen: eine schnellere wirtschaftliche Entwicklung, verbunden mit größerer sozialer Gerechtigkeit innerhalb der demokratischen Gesellschaft; Kampf gegen Spekulation und Transaktion auf Kosten der gesellschaftlichen Entwicklung; öffentliche Kontrolle der Bergbauindustrie; Förderung der Zusammenschlüsse der Bauern genauso wie der Ladenbesitzer, um größere, effektivere Unternehmenseinheiten zu bilden; gleichzeitig mit der privaten Wirtschaft sei eine höhere soziale Gerechtigkeit nur durch den Kampf gegen die Ausbeutung zu erreichen. Für die arbeitende Bevölkerung sollten Anreize geschaffen werden, um durch Mitbestimmung im Produktionsbereich einzugreifen.

Die CHP wollte die Ersparnisse des Volkes ohne die Einmischung der Großunternehmer und anderer Organisationen direkt durch die Bevölkerung und ihre neuzubildenden Unternehmen als Investitionsobjekte bekommen. Nur so konnte man die großen

Profite, welche die Privatunternehmer auf Kosten der Bevölkerung machten, verhindern und echte Volksunternehmen verwirklichen. Trotz dieser Vorstellungen machte die CHP in ihrem Parteiprogramm von 1973 darauf aufmerksam, daß die Partei sowohl mit der monopolistischen Stellung des Staates als auch mit der monopolistischen Marktbeherrschung der Großkapitalisten nicht einverstanden sei. Bei einer Betonung der ersteren sah die Partei die Gefahr eines totalitären linken Systems, und hinsichtlich des zweiten Punktes machte die Partei auf die Gefahr eines totalitären rechten Regimes aufmerksam. Als Verhinderung beider Extreme und beste Lösung für das Volk wurde deshalb der Volkssektor propagiert.

Die Wahlen vom 5. Juni 1977, von der Bevölkerung häufig als „Schicksalswahlen" bezeichnet, verliefen im Gegensatz zu dem vorher geführten Wahlkampf relativ ruhig. Als Sieger ging die Republikanische Volkspartei CHP aus ihnen hervor. Sie erhielt von den 450 Sitzen im Parlament 213 und vermehrte so ihre Parlamentarieranzahl von 185 im Jahr 1973 um 28. Aus dem Wahlergebnis ging deutlich hervor, daß die beiden großen Parteien AP und CHP einen erheblichen Stimmenzuwachs zu verzeichnen hatten. Erfolge hatte auch die MHP, die in den vier vorangehenden Jahren die Anzahl ihrer Wähler verdreifachen konnte, so daß sie statt drei Sitze im Parlament, wie 1973, sechszehn einnahm. Bei den diesmaligen Wahlen mußte die MSP, die als einzige Partei sowohl an Ecevits als auch an Demirels Koalitionsregierung beteiligt war, Verluste hinnehmen. Ihr Stimmenanteil, der 1973 noch 11,8 Prozent betragen hatte, sank auf 8,6 Prozent, wodurch sich die Anzahl der von ihr eingenommenen Parlamentssitze von 48 auf 24 reduzierte. Größter Verlierer der 77er Wahlen war Ferruh Bozbeyli mit seiner Demokratischen Partei, die nur noch über einen Sitz im Parlament im Gegensatz zu 49 im Jahr 1973 verfügte. Die Verluste der Republikanischen Vertrauenspartei und die Mißerfolge der beiden linksorientierten Parteien, TBP und TIP, stellten keine Überraschung dar, sondern wurden in der Türkei seit langem vorausgesehen.

Die Türkei erlebte während der folgenden Koalitionsregierung unter Demirel, dem Vorsitzenden der Gerechtigkeitspartei, im Hinblick auf ihre wirtschaftliche und politische Entwicklung im Jahr 1977 die problematischste Phase ihrer neueren Geschichte. Das Außenhandelsdefizit stieg zum ersten Mal auf 4,1 Milliarden Dollar, was eine Steigerung von 30 Prozent gegenüber den entsprechenden Zahlen von 1976 bedeutete. Damit betrugen die Auslandsschulden der Türkei 15 Milliarden Dollar, wobei es sich bei einem Teilbetrag von 6,7 Milliarden Dollar um kurzfristige Verbindlichkeiten handelte. Die Überwindung dieser wirtschaftlichen Engpässe und die Beherrschung der politischen Unruhen innerhalb des Landes waren die Anfangsaufgaben der türkischen Sozialdemokraten im ersten Jahr ihrer Regierungszeit.

Die 80er Jahre brachten der Türkei neben einem neuen Regierungswechsel eine neue Wirtschaftspolitik. Die Regierung Demirel verkündete Anfang des Jahres 1980 die völlige Liberalisierung der Wirtschaft, die größte Änderung auf wirtschaftspolitischem Gebiet seit Gründung der Republik. Anfang September 1980 ergriff das Militär die Regierungsherrschaft in dem dritten Putsch, den die junge türkische Demokratie verkraften mußte. Um die politische Instabilität im Lande und nicht zuletzt auch die stillschweigende Förderung bzw. Duldung des Rechtsterrors durch die Minderheitsregierung Demirel zu beenden, setzten die Generäle die Regierung ab und lösten das Parlament auf. Nach der ersten Machtergreifung des Militärs im Jahr 1960, die zur Absetzung der Menderes-Regierung geführt hatte, erfolgten die weiteren Militärputsche in immer kürzeren Abständen. Sie führten nicht nur zur Unterbrechung der türkischen Demokratie, sondern brachten dem Land überdies auch neue Verfassungen bzw. Verfassungsänderungen. Wiederum war es Süleyman Demirel, dessen Regierung durch Eingreifen des Militärs gestürzt wurde. Erstmals geschah dies 1971. Die Tatsache, daß das Militär zweimal in die Regierungsführung des Vorsitzenden der Gerechtigkeitspartei eingegriffen hat, legt die Vermutung nahe, daß auch seine Regierungspolitik und deren Qualität für diesen letzten Militärputsch verantwortlich waren.

2. *Neue parteipolitische Entwicklungen*

Die ersten freien Wahlen nach dem Militärputsch vom 12. September 1980 fanden am 6. November 1983 statt. Der Staatschef Kenan Evren, Vorsitzender des fünfköpfigen Nationalen Sicherheitsrates, wollte mit diesen Wahlen die Redemokratisierung in der Türkei einleiten. Nach dem Verbot der früheren Parteien und dem politischen Betätigungsverbot für ehemalige Politiker beabsichtigte die Militärjunta, eine neue Parteienlandschaft zu bilden und in jedem Fall politische Einflüsse der ehemaligen Spitzenpolitiker wie Demirel und Ecevit, die große Wählerschichten mobilisieren konnten, für die Zukunft auszuschalten. Kenan Evren, der von 1982 bis 1989 das Amt des Staatspräsidenten inne hatte, besuchte insbesondere am Anfang seiner Amtszeit fast alle Städte in der Türkei und hielt dort Ansprachen vor der Bevölkerung. Dabei verurteilte er die alten Parteien und Politiker und warb für die Militärregierung, die das Land vor einem Zusammenbruch bewahrt haben sollte, und für Personen, die den Militärs nahe standen wie ehemalige Offiziere, Wissenschaftler, Bürokraten und pensionierte Diplomaten. Während seiner Amtszeit legte er großen Wert auf gute Beziehungen mit den türkischen Großunternehmen und auf ihre Unterstützung durch die Industrie- und Handelskammern.

Seit dem 16. Mai 1983 gestattete die Militärjunta die Gründung neuer Parteien, die sich jedoch in keinem Fall als Erbe der früheren Parteien etablieren durften. Das Konzept der Generäle bezweckte hauptsächlich ein Zwei-Parteien-System mit jeweils einer Partei aus dem rechten und linken politischen Spektrum. In erster Linie sorgte die Junta für die Gründung einer Staatspartei, nämlich der Nationalistischen Demokratischen Partei, MDP (Milliyetçi Demokrasi Partisi). Dieser Partei wurde vom Tag ihrer Gründung an die Rolle der zukünftigen Regierungspartei zugeschrieben. Der fünfköpfige Nationalrat gab seit 1983 in Reden und Erklärungen deutlich zu verstehen, daß er diese Partei unter dem Parteivorsitzenden Turgut Sunalp, einem ehemaligen General, der lange Zeit als Botschafter in Kanada tätig gewesen war, nach den Wahlen als Regierungspartei sehen wolle. Die konservativ geprägte MDP bemühte sich seit ihrer Gründung um das Vertrauen der türkischen Industriellen und die Stimmen der ehemaligen konservativen Parteien wie der Gerechtigkeitspartei Demirels und der ehemaligen Nationalistischen Bewegungspartei des Exoberst Türkeş. Viele pensionierte Generäle, Mitglieder des von der Militärjunta ernannten beratenden Parlaments und ein bestimmter Flügel der Industriellen zeigten als Gründungs- bzw. Erstmitglieder ihr Interesse an dieser der Militärjunta nahestehenden Partei. Auch verschiedene Hochschullehrer der juristischen und wirtschaftswissenschaftlichen Fakultäten traten in die Partei ein und entwarfen ein Parteiprogramm, dessen Hauptziele die Beibehaltung des Kurses der Junta und der Kampf gegen Kommunismus, Faschismus und Theokratie waren. Die MDP existiert inzwischen nicht mehr.

Die *Volkspartei,* HP (Halkçı Parti), war die zweite und letzte Partei, die nach Vorstellung der türkischen Generäle innerhalb der neuen türkischen Demokratie in Zukunft existieren sollte. Der Staatssekretär des damaligen Ministerpräsidenten Bülent Ulusu übernahm die Gründungsaufgabe. Diese Partei sollte die konservativen Wählerschichten der früheren Partei B. Ecevits für sich gewinnen und als eine dem Nationalen Sicherheitsrat gegenüber loyale sozialdemokratische Partei existieren. Ihr Parteiprogramm ähnelt den konservativen bzw. rechtsliberalen Parteien Westeuropas. Nur durch ihre Bezeichnung als „sozialdemokratische" Partei sollte sie einen Teil der sozialdemokratischen Wählerstimmen in der Türkei für sich gewinnen.

Mit diesen beiden Parteien sollte nach den Vorstellungen des Militärs das politische Spektrum sowohl für die türkische Rechte als auch für die Linke abgedeckt werden. Mit Bedauern mußten die Generäle die Gründung weiterer Parteien, deren Zahl bis Mitte August 1983 auf 14 gestiegen war, feststellen. Unter diesen neugegründeten Parteien sind vier besonders erwähnenswert. Es handelt sich dabei um die *Mutterlandspartei* (Anavatan Partisi), religiös konservativ, Interessenvertreter der Industriellen, die *Konservative Partei,* MP, pantürkistisch und konservativ, die *Sozial-De-*

mokratische Partei, SODEP, sozialdemokratisch eingestellt, und die *Partei des Richtigen Weges,* DYP, konservativ traditionell eingestellt.

Die *Mutterlandspartei,* Anavatan Partisi, des türkischen Wirtschaftsexperten Turgut Özal wurde als dritte Partei von dem Wirtschaftsexperten gegründet, der am 24. Januar 1980 bei der Liberalisierung der türkischen Wirtschaft die Hauptrolle gespielt hatte. Seine Wirtschaftsreformen, die den Empfehlungen des Internationalen Währungsfonds entsprechen, und seine Amtszeit auch unter der Militärjunta als stellvertretender Ministerpräsident bis zu seinem Rücktritt im Sommer 1982 verhalfen ihm zu viel Popularität im In- und Ausland. Besonders wegen der von ihm mitgestalteten unternehmerfreundlichen Wirtschaftspolitik und wegen seiner kompromißlosen Linie als Wirtschaftsexperte genießt er das Vertrauen der türkischen Unternehmer. Nach den Anzeichen galt seine Partei als finanziell am besten strukturiert. T. Özal, der aus einer tief religiösen Familie stammt – sein älterer Bruder war eine bedeutende Person in der verbotenen, religiös eingestellten Nationalen Heilspartei –, wollte auch unter der konservativen, religiös eingestellten Landbevölkerung Anhänger mobilisieren. Als Wählerpotential wollte er besonders die Jungunternehmer, Teile der Anhänger der früheren Gerechtigkeitspartei, die mit dem ehemaligen Parteivorsitzenden Demirel nicht zufrieden waren, und einen Teil der Wähler der früheren Nationalen Heilspartei gewinnen. Die Partei, die zunächst von den Generälen nicht sehr ernst genommen und daher zu den Wahlen zugelassen wurde, gewann das Vertrauen der türkischen Wähler.

Die *Konservative Partei,* MP (Milliyetçi Partisi), wurde auf Initiative eines Mitglieds des Beratenden Parlaments gegründet. M. Pamak, ein ehemaliges Mitglied der neofaschistischen Nationalistischen Bewegungspartei, wollte mit dieser Partei die Wählerstimmen seiner Ex-Partei mobilisieren. Der Partei ist es jedoch nicht gelungen, bis Mitte August 1983 die für eine Zulassung zur Wahl notwendige Parteiorganisation in mindestens der Hälfte aller Provinzen, d. h. in 34 Städten der Türkei, aufzubauen. Auch die zweite Voraussetzung für eine Teilnahme an den Wahlen, die Genehmigung von 30 Gründungsmitgliedern durch den Nationalen Sicherheitsrat, hatte Pamak nicht erfüllen können. Die Partei konnte daher an den Wahlen nicht teilnehmen. Sie existiert inzwischen nicht mehr. An ihre Stelle trat die Nationalistische Arbeiterpartei, MÇP (Milliyetçi Çalişma Partisi), deren Vorsitzender seit Ende 1987 Alpaslan Türkeş ist.

Die Zahl sozialdemokratischer Wähler in der Türkei hatte seit 1973 ständig zugenommen. Seit dieser Zeit sind die Sozialdemokraten aus allen Kommunalwahlen und allgemeinen Wahlen als größte Partei hervorgegangen, bis sie im November 1979 bei den Teilsenatswahlen die Führung der Gerechtigkeitspartei überlassen mußten. Nach dem Parteienverbot von 1981 gründeten die Sozialdemokraten im Juni 1983 unter der Führung des Physikprofessors Erdal Inönü, des Sohns des bekannten verstorbenen Politikers Ismet Inönü, die *Sozial-Demokratische Partei,* SODEP. Gründer dieser Partei waren Hochschullehrer, Gewerkschaftler, Journalisten und aus dem Staatsdienst ausgeschiedene Bürokraten. Nach längeren Verhandlungen unter vier sozialdemokratisch eingestellten Fraktionen, die eine solche Partei gründen wollten, kam es unter Führung von E. Inönü zur Einigung. Da der Nationale Sicherheitsrat die Rolle einer sozialdemokratischen Partei für die Volkspartei (Halkçi Parti) vorgesehen hatte, zeigte er sein Unbehagen der SODEP gegenüber ganz deutlich. In der ersten Etappe machte der Nationale Sicherheitsrat von seinem Vetorecht hinsichtlich der Gründungsmitglieder Gebrauch und lehnte eine Vielzahl von ihnen, darunter Inönü, ab. Der Partei gelang es nicht, bis zum 19. August 1983 die 30 notwendigen Gründer durch die Junta genehmigt zu erhalten. Da die Frist für die Zulassung zu den Wahlen am 24. August ablief, wurde diese Partei zu den allgemeinen Wahlen nicht zugelassen.

SODEP konnte innerhalb von zwei Monaten in 66 von 67 Städten im Land eine Organisation aufbauen und fand den Meldungen und Beobachtungen der türkischen Presse zufolge großen Anklang unter der Bevölkerung. Die Militärs fürchteten eine kritische Haltung der Partei, und da sie im Gegensatz zu den rechtsgerichteten Parteien unter den linken Wählerschichten eine Monopolstellung innehatte, wollten sie die Möglichkeit einer Regierungsbildung durch die SODEP unterbinden.

Im Gegensatz zu Bülent Ecevit, der der Gründung von SODEP distanziert gegenüberstand – er ging von vornherein davon aus, daß die Militärs der Sozialdemokratie in den nächsten zehn Jahren keine echten Chancen geben würden –, hielt der Vorsitzende der verbotenen Gerechtigkeitspartei, S. Demirel, bei der Gründung der neuen konservativen Massenpartei die Fäden in der Hand. Zunächst gründeten ihm nahestehende Personen die „Großtürkei-Partei", die auch von verschiedenen namhaften Ex-Politikern der Gerechtigkeitspartei, trotz des Verbots der Militärjunta, öffentlich unterstützt wurde. Drei Wochen nach der Gründung wurde die Partei durch den Nationalen Sicherheitsrat verboten. Demirel und andere, früher aktive Politiker, die sich nach den Vorschriften der Junta für die Dauer von zehn Jahren nicht mit Politik befassen durften, mußten sich nun bis zu den Wahlen im November in Çanakkale unter Militärkontrolle aufhalten.

Ende Juni wurde als Nachfolgepartei der Gerechtigkeitspartei und der Großtürkei-Partei die *Partei des Richtigen Weges* (Doğru Yol Partisi – DYP) gegründet, die sich innerhalb von zwei Monaten im ganzen Land gut organisieren konnte. Die allgemeine Meinung im Lande war, daß diese Partei die früheren Wähler der Gerechtigkeitspartei für sich gewinnen könnte. Die auflagenstärkste, politisch der Gerechtigkeitspartei nahestehende Zeitung „Tercüman" deutete trotz der bestehenden Pressezensur an, die DYP sei die Nachfolgepartei Demirels. Mit der Ablehnung des größten Teils der Gründungsmitglieder der DYP zeigte sich der Nationale Sicherheitsrat auch dieser Partei gegenüber abweisend. Er beabsichtigte mit der Ausschaltung der DYP, die konservativen Wählerstimmen auf die Nationalistische Demokratische Partei zu konzentrieren.

So war es also den Militärs gelungen, durch das komplizierte und von ihnen kontrollierte Antragsverfahren zu bewirken, daß nur 3 Parteien zu den Wahlen vom 6. November 1983 zugelassen wurden. Das Volk erteilte jedoch den von den Militärs favorisierten Parteien eine deutliche Abfuhr. Die HP erhielt 117 von 400

Sitzen (29 Prozent), die MDP nur 71 (18 Prozent). Die ANAP konnte dagegen mit 211 Sitzen (53 Prozent) die erste gewählte Regierung nach dem Putsch stellen. Mit der Ausschließung des SODEP und der DYP von den Parlamentswahlen gaben die Generäle den mitte-rechts- und linksstehenden Parteien, die seit 1964 vom Volk akzeptiert wurden, bzw. ihren Nachfolgeorganisationen zunächst keine Chance, an der Redemokratisierung des Landes mitzuwirken. Erst an den Kommunalwahlen im März 1984 konnten diese Parteien teilnehmen, ebenso wie die mittlerweile gegründete religiös fundamentalistische Wohlfahrtspartei, RP (Refah Partisi), die Nachfolgepartei der ehemaligen MSP Erbakans.

Im Jahr 1985 gab es neue Entwicklungen innerhalb der Parteienlandschaft. Durch eine Fusion der beiden sozialdemokratisch orientierten Parteien SODEP und Volkspartei entstand die Sozialdemokratische Volkspartei (Sosyal Demokrat Halkçı Parti – SHP) als größte linksgerichtete Partei. Sie wurde zunächst von dem Vorsitzenden Aydın Güven-Gürkan, seit 1986 von Inönü geführt. Bülent Ecevits Anhänger, die der SHP distanziert gegenüberstanden, gründeten im Herbst 1985 eine zweite sozialdemokratische Partei, die Partei der demokratischen Linken, DSP (Demokrat Sol Partisi), deren Vorsitz seine Ehefrau Rahsan Ecevit übernahm.

Erst nachdem bei dem Referendum am 6. September 1987 50,26 Prozent der türkischen Wähler für die Aufhebung des politischen Betätigungsverbots von ca. 110 ehemaligen Politikern gestimmt hatten, konnte Bülent Ecevit selbst den Vorsitz des DSP übernehmen. Desgleichen wurde Demirel Vorsitzender der DYP, Alparslan Türkeş nahm den Vorsitz des MÇP ein, und Necmettin Erbakan wurde an die Spitze der RP gesetzt. So waren bei den Parlamentswahlen am 29. November 1987 wieder alle früheren politischen Führer vertreten, das Parteienspektrum von den sozialdemokratischen bis rechtsextremistischen Parteien war jedoch breiter aufgefächert als in den 70er Jahren. Sozialistische oder kommunistische Parteien waren noch nicht wieder zugelassen.

Vor diesen zweiten Parlamentswahlen änderte die regierende ANAP-Partei das Wahlgesetz zu ihren Gunsten, indem eine 10 Prozent-Klausel eingeführt wurde und die Partei, die in einem

Wahlbezirk die meisten Stimmen erhielt, besonders begünstigt wurde. So kam es, daß die ANAP mit nur gut einem Drittel der Stimmen (35,4 Prozent) fast eine Zweidrittel-Mehrheit im Parlament erhielt (292 Sitze, d. h. 65 Prozent). Die anderen 2 Parteien, die den Sprung ins Parlament schafften, waren dagegen unterrepräsentiert. Stärkste Oppositionspartei wurde die SHP unter Inönü mit 24,1 Prozent der Stimmen und 22 Prozent der Sitze (99 Sitze), gefolgt von Demirels DYP mit 18,6 Prozent der Stimmen und 13 Prozent der Sitze (59 von 450 Sitzen). Die übrigen Parteien scheiterten an der 10 Prozent-Hürde.

Die Legitimität dieser starken ANAP-Mehrheit wurde durch das Ergebnis der Kommunalwahlen vom 26. März 1989 noch weiter in Frage gestellt. Die ANAP wurde mit 21,8 Prozent nur drittstärkste Partei und konnte nur einen Bürgermeisterposten besetzen (nämlich in Özals Geburtsstadt Malatya). Die SHP bekam auf Gesamttürkeiebene 28,6 Prozent der Stimmen und stellt seitdem 40 Bürgermeister in Provinzhauptstädten, dabei auch in so wichtigen Städten wie Istanbul, Ankara und Izmir. Die DYP stellte sich mit 24,9 Prozent als zweitstärkste Partei heraus und bekam 16 Bürgermeisterposten, die RP gewann in 5 und die MÇP in 3 Provinzhauptstädten. Spätestens seit dieser Wahl ist offensichtlich, daß die Fast-Zweitdrittelmehrheit der ANAP im Parlament überhaupt nicht den Neigungen der Wähler entspricht. Trotzdem kam es bisher nicht zu den lange von der Opposition geforderten Parlamentsneuwahlen. Statt dessen versucht die ANAP, ihre Macht weiter auszubauen. Im November 1989 ließ sich Özal zum Nachfolger des Staatspräsidenten Kenan Evren wählen – er brauchte dafür allerdings 3 Wahlgänge, weil selbst seine eigene Fraktion ihn nicht voll unterstützte. Obwohl Özal gemäß der türkischen Verfassung seine Parteifunktion aufgab, entwickelte sich das politische System der Türkei seitdem de facto zu einer noch umfassenderen ANAP-Herrschaft. Der neue Ministerpräsident und ANAP-Vorsitzende Yildirim Akbulut orientiert sich sehr stark an den Wünschen seines ehemaligen Chefs Özal. Dessen tatsächlicher Einfluß ist zur Zeit so groß, daß Kritiker von einem Präsidialsystem in der Türkei sprechen.

XIV. Arbeiterbewegung und Gewerkschaften

Erst nach dem Zweiten Weltkrieg trat eine organisierte Arbeiterbewegung in der Türkei in Erscheinung. Die ersten Einzelgewerkschaften, die noch deutlich kemalistisch und weniger politisch zu verstehen waren, wurden nach 1947 gegründet. Sie waren nationale Organisationen, die weder politische noch gegen nationale Interessen gerichtete Aktivitäten entwickeln durften. Die 1952 gegründeten Einzelgewerkschaften, unter dem Dachverband *Vereinigung der Arbeitnehmergewerkschaften der Türkei* (Türk Iş), blieben politisch ebenfalls weitgehend neutral und standen über den Parteien. Da sie nach amerikanischem Vorbild und auch mit finanzieller Unterstützung der US-Gewerkschaften branchenspezifisch aufgebaut wurden, waren sie entschieden antikommunistisch ausgerichtet.

Nachdem das Land 1961 eine demokratische und liberale Verfassung erhalten hatte, wurden in der Türkei Streiks und Aussperrungen anerkannt. Ferner wurde die Durchführung von Tariflohnverhandlungen gesetzlich geregelt. Auf dem Boden einer solchen Gesetzgebung konnte sich die Gewerkschaftsbewegung rasch ausbreiten, zumal Grundrechte und Freiheiten der Arbeiter nunmehr gesetzlich verankert waren. Die Gründung des ersten Gewerkschaftsbundes „Türk Iş" hatte, wie gesagt, zwar schon nach der Verabschiedung des Gewerkschaftsgesetzes von 1947 im Jahr 1952 stattgefunden. Aber während der Regierungszeit der Demokratischen Partei bis 1960 konnte der Gewerkschaftsbund seine Funktion als Interessenvertreter der türkischen Arbeiterklasse aufgrund der Sanktionen durch die damalige Regierung nicht vollständig erfüllen. Im Anschluß an die im Jahre 1963 in Kraft getretenen Gesetze, nämlich Gewerkschafts-, Tarifvertrags- und Steuergesetze, wurden „Türk-Iş" und die unter dieser Dachorganisation zusammengefaßten Gewerkschaften aktiver und einflußreicher, ein

Vorgang, der nicht zuletzt dadurch begünstigt wurde, daß das Recht auf Gründung einer Gewerkschaft und das Recht auf Tarifvertrag und Streik in der Verfassung als unverzichtbare Grundrechte des Bürgers definiert wurden. Bis Ende 1967 war „Türk Iş" als einziger Gewerkschaftsbund mit 34 überregionalen Gewerkschaften und mit einer Gesamtmitgliederzahl von ca. 1,2 Millionen Beschäftigten in der Türkei tätig. „Türk Iş" verfolgte eine integrationsorientierte Linie und betrieb eine überparteiliche Politik.

Diese Gewerkschaftspolitik und die enge Zusammenarbeit mit den Gewerkschaften der USA, besonders die sogenannte überparteiliche Politik nach dem Muster der amerikanischen Gewerkschaftsbewegung „Nonpartisan" sorgten dafür, daß sich einzelne Mitgliedsgewerkschaften von der „Türk Iş" distanzierten. Die Unzufriedenheit der Gewerkschafter mit ihrer Dachorganisation wurde sichtbar, nachdem „Türk Iş" im Anschluß an einen Streik in der Glasfabrik in Istanbul ein für die Arbeitnehmer unannehmbares Tarifabkommen mit dem Arbeitgeberverband getroffen hatte. Es entstand eine große Opposition innerhalb der „Türk Iş", die 1967 zur Gründung der progressiven Dachgewerkschaft DISK führte. DISK gewann als marxistisch eingestellter Gewerkschaftsbund innerhalb der Arbeiterbewegung rasch an Bedeutung. In politischer Hinsicht verfolgte DISK eine marxistische Linie. Im Laufe der Zeit, besonders während der 70er Jahre, wurde DISK immer größer. Als zweitgrößter Gewerkschaftsbund zählte DISK 27 Gewerkschaften zu seinen Mitgliedern. Kurz vor dem Verbot aller Gewerkschaften nach dem jüngsten Militärputsch waren fast 800000 Gewerkschafter in DISK organisiert. Im Gegensatz zu den in „Türk-Iş" organisierten Gewerkschaften endeten Tarifverhandlungen der Mitgliedsgewerkschaften von DISK häufig mit Streiks.

Auf der anderen Seite nahm auch während der 70er Jahre die oppositionelle Bewegung innerhalb von „Türk Iş" zu. Zahlreiche türkische Gewerkschaften, die sowohl die marxistisch orientierte Politik von DISK ablehnten als auch mit der überparteilichen, immer mehr nach rechts tendierenden Politik von „Türk Iş" unzufrieden waren, bildeten innerhalb von „Türk Iş" eine sozialdemokratisch ausgerichtete Gewerkschaftsbewegung. Ihren Höhepunkt erreichte diese Bewegung Anfang der 70er Jahre. Die ,,Links-von-der-Mitte-Bewegung", die seit 1966 die sozialdemokratische Politik der CHP bestimmte, unterstützte und stärkte die sozialdemokratische Gewerkschaftsbewegung. Diese Bewegung innerhalb des Gewerkschaftsbunds ,,Türk Iş" blieb bis Anfang der 80er Jahre von Bedeutung. Neben den beiden großen, bedeutenden Dachorganisationen wurden Mitte der 70er Jahre zwei politisch rechtsorientierte Dachgewerkschaften gegründet. Die neofaschistische Nationalistische Bewegungspartei versuchte, durch die Gründung der Gewerkschaftsdachorganisation Nationalistische Arbeitergewerkschaftsföderation MISK Einfluß auf die türkische Arbeiterbewegung zu nehmen. Dasselbe Ziel verfolgte die Nationale Heilspartei, MSP, die für eine Reislamisierung der Türkei eintrat, mit der ihr nahestehenden Dachgewerkschaft HAK-Iş.

MISK versuchte während der zweiten Hälfte der 70er Jahre die Tarifabschlußrechte vor allem für bestimmte staatliche Betriebe, die bisher in den Händen von ,,Türk Iş" und DISK gelegen hatten, zu erhalten. HAK-Iş wollte die Probleme der Arbeiter auf dem Boden der Ideologie der Nationalen Heilspartei lösen. Differenzen zwischen Arbeitgebern und Arbeitnehmern sollten nicht offen ausgetragen werden, vielmehr sollten sich, ausgehend von dem Gedanken der Islamischen Brüderschaft, Arbeitgeber und Arbeitnehmer als Angehörige derselben Nation und Religion und somit als Brüder verstehen und einen Ausgleich, eine friedliche Lösung ihrer Konflikte suchen.

,,Türk Iş" und DISK haben sich spät und im Gegensatz zu deutschen Gewerkschaften wenig mit Investitionen beschäftigt. 1973 ging der erste Anstoß dazu von der Republikanischen Volkspartei und ihrem Volkssektor aus. Seitdem hat vornehmlich ,,Türk Iş" Kapitalbeteiligungen vorgenommen oder gewerkschaftseigene Investitionen gemacht. Dazu gehören Baugenossenschaften, die – besonders in Ankara, Samsun und Istanbul – für Gewerkschaftsmitglieder ca. 20000 Wohungen geschaffen haben, Konsumgenossenschaften und Industriebetriebe in Form von Kapitalbeteiligung in der Automobilindustrie. Zeitungs- und Verlagsunternehmen mußten wegen Verschuldung nach kurzer Zeit wieder verkauft werden. Am erfolgreichsten unter den Einzelgewerkschaften von ,,Türk Iş" war die Gewerkschaft ,,Yol Iş" türkischer Straßen- und Reparaturarbeiter bei dem Versuch, selbständige Unternehmen zu gründen. Sie konnten zwei kleinere Projekte verwirklichen, eins im Bereich der Automobilzulieferindustrie. DISK hatte den größten Teil ihrer Mittel für die Streikfinanzierung aufgewendet und daher keine nennenswerten Investitionen machen können.

Außer dem Gewerkschaftsbund „Türk Iş" wurden die anderen drei Dachorganisationen nach dem Militärputsch vom 12. September 1980 verboten, so daß als einziger Vertreter der türkischen Arbeiterbewegung am Anfang der 80er Jahre „Türk Iş" existierte.

Mehrere tausend Gewerkschafter wurden festgenommen. Allein im DISK-Prozeß vor dem Militärgericht in Istanbul hatten sich mehr als 1400 Gewerkschaftsmitglieder und -führer zu verantworten. 264 von ihnen wurden 1986 zu Haftstrafen verurteilt und lebenslang von der Übernahme öffentlicher Ämter, also auch von gewerkschaftlichen Aktivitäten, ausgeschlossen. Der Prozeß befindet sich zur Zeit in der Revision, ein Ende ist noch nicht abzusehen.

Von der Machtübernahme des Militärs bis Ende 1983 war jegliche gewerkschaftliche Betätigung verboten. Erst nach Inkrafttreten der Verfassung von 1982, in der Streiks und Aussperrungen als ein Grundrecht definiert wurden, konnten die Mitgliedergewerkschaften von „Türk-Iş" wieder aktiv werden. Allerdings nur unter gewissen Einschränkungen, die vor allem aus dem Verbot jeglicher politischer Zielsetzung und Aktivität und jeglicher Zusammenarbeit mit Parteien bestehen. Zahlreiche Berufsgruppen (z. B. Angehörige des Militärs, öffentlicher Einrichtungen und religiöser Institutionen sowie Studenten und Schüler) sind von der gewerkschaftlichen Organisation ausgeschlossen. Das Streikrecht wird durch vielfältige Regelungen eingeschränkt.

Trotzdem waren 1988 insgesamt 80 Gewerkschaften tätig. 1987 nahmen insgesamt rund 30000 Arbeiter an 307 Streiks teil. Dieser deutliche Anstieg der Zahl der Streiks von nur 21 Streiks im Vorjahr 1986 ist auch ein Zeichen dafür, daß die Nominallohnerhöhungen angesichts der hohen Inflationsrate so niedrig waren, daß die Reallöhne stark gesunken waren. Durch neue passive Widerstandsformen konnten im öffentlichen Dienst 1989 erstmalig Tariferhöhungen, die die Inflation ausglichen, erzielt werden. Nach der vollständigen Lahmlegung gewerkschaftlicher Aktivitäten infolge des Putsches ist also mittlerweile ein Wiederaufleben der Arbeiterbewegung unter neuen Vorzeichen zu beobachten.

XV. Ethnische Minderheiten und Minderheitenpolitik

Die Alliierten hatten während des Befreiungskampfes der Türken 1922 für die Bewaffnung der ethnischen Minderheiten in der Türkei gesorgt. Die Franzosen rekrutierten sogar einen Teil ihrer Besatzungstruppen aus Armenien, um einen armenischen Staat auf türkischem Boden zu schaffen, was ihnen jedoch nicht gelang. Während des Befreiungskampfes unterstützte die kurdische Bevölkerung auch den Kampf der Türken. Während den drei größten, nicht islamischen Minderheiten, den Griechen, Armeniern und Juden, nach dem Lausanner Abkommen der Status nationaler, religiöser Minoritäten zuerkannt wurde, gilt eine solche gesetzliche Regelung nicht für die im Lande lebenden Araber, Tscherkessen, Lazen und Kurden, die sich nach dem kemalistischen Nationalismusverständnis zum Türkentum bekennen mußten. Den Griechen, Armeniern und Juden wurde kulturelle Autonomie eingeräumt. Den moslemischen Minderheiten dagegen gewährte man keine besonderen Rechte und leitete eine Assimilationspolitik in die Wege.

Diese Politik der Türkisierung reduzierte die Heterogenität der Bevölkerung, die noch bis zum Ende des Osmanischen Reiches bestanden hatte. Der ethnischen Gruppe der Türken und ihrer Sprache wurde in allem der Vorrang gegeben. Daß auch heute noch eine Anzahl ethnischer Gruppen besteht, die ihre eigene Kultur und Sprache pflegen, hat oft Anlaß zu sozialen und politischen Spannungen gegeben. Die türkischen Führer haben dies im Laufe der Geschichte stets als Anschlag gegen die Einheit des türkischen Volkes und damit als Gefahr eines neuen Separatismus gesehen. Dies hat mehrfach, besonders bei den Kurden, die zahlenmäßig den anderen Minderheiten weit überlegen sind, zu Revolten und blutigen Auseinandersetzungen geführt. Die nationale und territoriale Unversehrtheit des Landes wurde verteidigt, auch nach innen. So wurden Kurdenaufstände in den 20er und 30er Jahren niedergeschlagen. Auch heute wird keinerlei kulturelle Autonomie zugestanden, kurdisch-muttersprachlicher Unterricht ist nicht zugelassen.

Zahlenmäßig sehr gering sind die Georgier und Lazen, die syrischen Christen an der syrischen Grenze und die Nestorianer im Gebiet Inneranatoliens. Die letzten Zahlenangaben darüber stammen von der Volkszählung 1965 und dürften bei der hohen Wachstumsrate der Bevölkerung längst überholt sein.

Die Kurden, ein indo-europäisches Volk, lebten schon seit vorgeschichtlicher Zeit in Nomadenstämmen im asiatischen Hochland. Sie breiteten sich nördlich bis zum Kaukasus und westlich bis Inneranatolien aus. Sie bilden die größte Minorität in der Türkei; ihre Zahl beträgt nach Schätzungen zwischen 8 und 11 Millionen. Im Ersten Weltkrieg wurde ihr Lebensraum, ihre Weide- und Siedlungsgebiete von politischen Grenzen zerteilt. Das mit ca. 20 Millionen Menschen viertgrößte Volk im Nahen Osten wurde so auf den Iran, Irak, Syrien, die UdSSR und die Türkei verteilt, wobei die ständige Wanderbewegung des Nomadenvolkes eine solche Aufteilung gar nicht zuließ. Zum Teil wurden sie durch die Undurchlässigkeit der Grenzen gezwungen, sich niederzulassen. In der Türkei leben die Kurden vorwiegend in ostanatolischen Provinzen und repräsentieren ca. ein Sechstel der Gesamtbevölkerung; zum Teil sind sie noch Nomaden, zum größten Teil aber seßhaft gemacht. Sie wurden offiziell bis 1990 als Bergtürken bezeichnet, die häufig als göçebe, Nomaden, im Streit mit den köylüler, Dorfbewohnern, lagen, wenn es um Weideflächen ging. Die kurdische Minderheit betrachtet die ökonomische Vernachlässigung Ostanatoliens als Teil einer Politik, die die kulturellen und politischen Autonomiebestrebungen unterdrücken will. Inwieweit der Zusammenhalt des kurdischen Volkes über alle nationalen Grenzen hinweg durch interne Rivalitäten zwischen einzelnen Stämmen zerstört werden kann und das Streben nach nationaler Einheit dadurch beeinträchtigt wird, ist nicht einzuschätzen. Eine Lösung des Problems ist nicht in Sicht.

Das arabische Element, das nicht zuletzt durch seine Sprache und durch den Glauben 600 Jahre lang im Osmanischen Reich von großer Bedeutung war, auch als Mitträger der Kultur, ist in allen Provinzen zu finden, hauptsächlich aber in Hatay. Die arabische Schrift ist, seit ihrer Ablösung durch die lateinischen Buchstaben, verboten. Die Araber sind semitischer Herkunft.

Die Tscherkessen, ein islamischer Volksstamm aus dem Kaukasus, sind zwischen 1854 und 1864, als die Russen ihre Heimat eroberten, in das Osmanische Reich ausgewandert. Im Osten und in der Mitte Inneranatoliens fallen die wenigen Mitglieder dieser Volksgruppe leicht durch ihr meist blondes Haar und ihre blauen Augen auf.

In den Jahren 1915 bis 1918 wurden unter der Herrschaft der Jungtürken und dem Einfluß des Pantürkismus viele Armenier verfolgt und vertrieben. Sie sind ein christliches Volk mit indoeuropäischer Sprache, das vor dem Ersten Weltkrieg aus rund zwei Millionen Menschen bestand. Heute leben noch rund 60000 Armenier in der Türkei.

Den Griechen als griechisch-orthodoxe Christen kommt inzwischen ebenso wenig Bedeutung zu wie anderen Christen: Katholiken, Protestanten, Nestorianern und Gregorianern, oder auch den Juden. Sie bilden zum Teil allerdings eigenständige Gruppen, die ihre Tradition und Kultur wahren und pflegen.

XVI. Das Militär und seine Rolle in Wirtschaft und Politik

Als Träger eines kontinuierlichen Modernisierungsprozesses hat das Militär in der Türkei eine einzigartige Stellung. Es genießt in der Bevölkerung Ansehen und Vertrauen. So wurde sein Eingreifen in die Politik 1980, wie auch 1971, von weiten Teilen der Bevölkerung begrüßt. Dies geht sicher auch auf die Tradition dieser Armee zurück, die im Osmanischen Reich fast 600 Jahre lang die staatstragende Kraft gewesen ist. Von ihr hing damals der Staat ab, was seinen Erhalt, seine Ausbreitung und sogar seine Verwaltung anging; denn die durch die Armee initiierten Reformen betrafen zunächst nur den rein technisch-militärischen Bereich, später aber auch die Verwaltung und Staatsform selbst. Sie waren pragmatischer Natur, im Hinblick auf bestimmte konkrete Ziele konzipiert, und konnten ohne Bruch zur Gesellschaft realisiert werden.

So hat das türkische Militär durch seinen Sieg über die Griechen im Befreiungskrieg 1920 bis 1923 den türkischen Nationalstaat ermöglicht. Mustafa Kemal Atatürk, sein Begründer, ist wie viele führende Männer der ersten Zeit der neuen Republik aus dem Militär hervorgegangen. Das Militär sollte auch in der Republik eine zentrale Rolle spielen, jetzt als Hüterin der kemalistischen Ideen und des neuen Staates, obwohl Atatürk die Trennung von Armee und Staat durchgeführt hatte. Es blieb bis in die 60er Jahre weitgehend homogen, auch in der engen Zusammenarbeit mit den USA und der NATO. Selbst die Meinungsverschiedenheiten nach dem ersten Putsch vom Mai 1960 gingen in erster Linie darum, ob eine Militärdiktatur die Probleme des Landes lösen könne oder ob sich das Militär im kemalistischen Sinne bald aus der Politik zurückziehen solle. Die Kemalisten konnten sich durchsetzen. Die Machtübernahme durch die Generäle, die durch die wirtschaftlichen und politischen Fehler der Regierung Menderes unerläßlich geworden war, brachte der Türkei 1961 nach einer Volksabstimmung eine neue liberale Verfassung. In der Wirtschaftspolitik kam es zu grundlegenden Änderungen. In dieser Hinsicht ist besonders die Gründung des Staatlichen Planungsamtes (Devlet Planlama Teşkilati) hervorzuheben, das für die Wirtschaftsplanung bedeutend war.

Gegen Ende der 60er Jahre, wahrscheinlich bedingt durch die steigenden terroristischen Aktivitäten, wurden die Meinungsverschiedenheiten im Militär immer stärker. Der Putsch vom 12. März 1971 gründete mit hoher Wahrscheinlichkeit auch in der Befürchtung, ein Teil der Streitkräfte könne die Macht allein übernehmen. Die latenten politischen Uneinigkeiten bestanden sowohl innerhalb des Offizierskorps als auch zwischen den verschiedenen Truppen, wobei die Kadetten und unteren Offiziere, bei entschiedenem Antikommunismus, ,,linke" Ideen vertraten, die Armeeführung überwiegend konservativen Ansichten anhing und die Luftwaffe und Marine progressiver als das Heer eingestellt waren. So brachte die Zeit nach dem Militärputsch Zwangspensionierungen von Offizieren, Strafversetzungen, Verhaftungen von und Prozesse gegen Militärs, ja sogar Ausstoßung ganzer Kadettenjahrgänge als Disziplinierungsmaßnahmen mit sich. Jede politische Aktivität wurde Offizieren bei Androhung einer Gefängnisstrafe von fünf Jahren untersagt. Diesmal siegten die konservativen Kräfte des Militärs, die sich danach soziale und wirtschaftliche Privilegien zugestanden. Trotzdem zehrte das Militär noch von einem relativ großen Vertrauenspotential in der Bevölkerung, die sich von ihm erhoffte, es werde eine Lösung finden für all die Probleme, die während der Regierungsdauer der neugegründeten Gerechtigkeitspartei von 1965 bis 1971, einer Blütezeit der Privatindustrie, immer größer und dringlicher geworden waren. Die Regierung, die von Weltbankexperten beraten wurde, unterstützte besonders Investitionen im Bereich der Konsumgüterindustrie und der Landwirtschaft. Maßnahmen der Regierung in den Bereichen des Finanz- und Kreditwesens, der Steuergesetzgebung und des Handels begünstigten nur eine ganz dünne Schicht von Großunternehmen und Geschäftsleuten. Die Unterschiede zwischen den sozialen Schichten wurden immer größer. Die Förderungspolitik der Regierung, die gekennzeichnet war durch einseitige Berücksichtigung der Großindustriellen bei gleichzeitiger Benachteiligung der Arbeiter und Beamten, schuf unter den Arbeitern große Unruhen. Ab 1969 kam es, initiiert durch den Gewerkschaftsbund DISK, zu andauernden Streikaktionen. Die Unzufriedenheit breiterer Bevölkerungsschichten mit der Politik Demirels und die hierdurch hervorgerufenen Streiks und Studentenunruhen veranlaßten die Regierung, den Notstand zu verkünden. Die von der Regierung versprochene Bodenreform wurde mit Rücksicht auf die Großgrundbesitzer nicht durchgeführt. Rechter und linker Terror nahmen bis zum Eingreifen des Militärs überhand.

Auch bei dem letzten Putsch am 12. September 1980 intervenierte das Militär in einer tiefen wirtschaftlichen und politischen Krise, die z. T. in eine bürgerkriegsähnliche Situation eskalierte. Da das Militär den politischen Morden und terroristischen Auswüchsen ein Ende setzen wollte, stieß der Putsch bei breiten Teilen der Bevölkerung auf eine gewisse Akzeptanz. Die Militärs versuchten jedoch nicht nur den offenen Terrorismus zurückzudrängen, der lediglich ein Symptom der Strukturprobleme der türkischen Gesellschaft war, die eine Landreform und die Entwicklung des Ostens ebenso forderte wie eine Steuerreform und die Abschaffung der extremen Ungleichheiten, z. B. bei der Einkommensverteilung. Durch den Putsch sollte deshalb – stärker, als dies 1971 der Fall war – das gesamte gesellschaftliche Leben neu gestaltet, entpolitisiert werden. Die als „zu liberal“ bezeichnete Verfassung von 1961 wurde sofort nach dem Putsch außer Kraft gesetzt und durch die Verfassung von 1982 ersetzt, in der viele Grundrechte stark eingeschränkt werden. Auch die von den Militärs erlassenen Gesetze wie z. B. die Presse-, Gewerkschafts-, Hochschul- und Parteiengesetze, die weiterhin gültig sind, zeigen deutlich, daß die Türkei nach dem Übergang zu einer Zivilregierung nur über eine eingeschränkte Demokratie verfügt. Im öffentlichen Dienst wurden regelrechte Säuberungsaktionen durchgeführt, von denen Zehntausende betroffen waren. Für das Hochschulwesen wurde unter Beteiligung von Militärs ein Rat gebildet, der die Besetzung der Rektorenposten und die inhaltliche und personelle Ausgestaltung der Hochschulen kontrolliert. Allen Hochschulangehörigen wurde die Zugehörigkeit zu einer politischen Partei untersagt. Die Pressefreiheit wurde stark eingeschränkt, und gewerkschaftliche Aktivitäten wurden vorübergehend völlig unterbunden. Seit dem Putsch wurden Hunderttausende von Bürgern aus politischen Gründen festgenommen. Tausende wurden inhaftiert, nur weil sie friedlich ihre Meinung geäußert hatten. Nach dem Verbot der früheren Parteien und dem politischen Betätigungsverbot für ehemalige Politiker beabsichtigte die Militärjunta, eine neue Parteienlandschaft zu bilden und in jedem Fall politische Einflüsse der ehemaligen Spitzenpolitiker, die große Wählerschichten hinter sich gehabt hatten, für die Zukunft auszuschalten.

Am 9. November 1982 wurde die Gründung neuer Parteien wieder zugelassen, jedoch nur unter der Kontrolle des Nationalen Sicherheitsrates. Die ersten freien Wahlen nach dem Militärputsch fanden am 6. November 1983 statt. Es wurden jedoch nur drei Parteien zugelassen. Diese Wahlen gewann die Partei T. Özals mit großem Abstand. Der Staatschef Kenan Evren, Vorsitzender des fünfköpfigen Nationalen Sicherheitsrates, wollte mit diesen Wahlen die Redemokratisierung in der Türkei einleiten. Während seiner Amtszeit von sieben Jahren förderte er die von S. Demirel in die Wege geleitete liberale Wirtschaftspolitik, die Turgut Özal weiterverfolgte. Zunächst erließ er einige Ergänzungen. Die erste Ergänzung war die seit langem erwartete Steuerreform. Die zweite Maßnahme war ein Lohnstopp, verbunden mit einem Streikverbot; beide wurden 1983 aufgehoben.

Die Grundmeilensteine der seit 1980 eingeleiteten Wirtschaftspolitik sind außenwirtschaftliche Liberalisierung, flexible Wechselkurse, Abbau staatlicher Subventionen, freier Kapitalverkehr, Investitionsförderungsprogramme und weniger aktive Einflußnahme des Staates auf das Wirtschaftsleben, unterstützt durch Privatisierung staatlicher Betriebe. Eine Zwischenbilanz dieser Politik weist auf ein hohes Wirtschaftswachstum insbesondere Mitte der achtziger Jahre hin.

Die durchschnittliche jährliche Zuwachsrate des Bruttosozialprodukts betrug zwischen 1984 und 1986 rund 6,3 Prozent, 1989 trat das wirtschaftliche Wachstum jedoch in eine Stagnationsphase ein. Der Außenhandelssektor, der von dem Iran-Irak-Krieg profitierte, erlebte insbesondere in der ersten Hälfte der achtziger Jahre einen Export-Boom. Dazu trug auch die verstärkte Förderung der exportierenden Industrie bei. Die Exporte stiegen von 2,9 Mrd. Dollar 1980 auf 11,6 Mrd. 1989.

Das hohe Wachstumstempo führte nach anfänglichen Erfolgen bei der Inflationsbekämpfung wieder zu hohen Verteuerungsraten. Die Preisniveauinstabilität gehört zu den ungelösten Problemen der Türkei. Die Auswirkungen der hohen Inflationsrate auf die Einkommensverteilung, die die Unterschiede zwischen Armen und Reichen noch weiter verstärkt, sind aus sozialer und gesamtwirtschaftlicher Sicht bedenklich. Die hohen Kaufkraftverluste insbesondere von Lohn- und Gehaltsbeziehern machen deutlich, daß das rasante Wirtschaftswachstum nicht allen Bevölkerungsschichten gleichmäßig zugute kommt.

Investitionen in der Türkei gelten auch heute noch als riskant. Schließlich sind die Überweisungen türkischer Arbeitnehmer von Deutschland in die Türkei zu erwähnen, die bei der Deckung des Außenhandelsdefizites eine bedeutende Rolle spielen. In Zukunft werden die Überweisungen wegen der Rezession in den Industriestaaten und der neuen Konsumgewohnheiten der Türken im Ausland, nicht zuletzt auch wegen ihrer bevorzugten Investitionen in der Bundesrepublik Deutschland, zurückgehen.

XVII. Türkische Arbeiter in der Bundesrepublik Deutschland

Die Abwanderung von Arbeitskräften ins Ausland ist für viele Staaten kein neues Phänomen. Für die junge türkische Republik war sie bis 1957 jedoch unbekannt. 1957 reisten die ersten türkischen Arbeitnehmer nach Deutschland. Es handelte sich dabei um zwölf Praktikanten, die einer Einladung des Weltwirtschaftlichen Instituts in Kiel folgten. Sie sollten für deutsche Industrieanlagen in der Türkei als Vorarbeiter ausgebildet werden. Dieses erste Projekt endete jedoch mit einem Mißerfolg für die Türkei. Die Praktikanten blieben mit ihren Familienangehörigen in Deutschland, nachdem sie in Schiffbauunternehmen in Bremen und Lübeck mühelos Arbeit gefunden hatten.

Bis 1960 konnten die Türken nur unter großen Schwierigkeiten ins Ausland reisen. Dies änderte sich 1961 mit dem Inkrafttreten des neuen Grundgesetzes, das im Paragraphen 18 jedem Bürger die Freiheit, ins Ausland zu reisen, einräumte. Erste Wanderbewegungen türkischer Arbeitnehmer nach Deutschland lassen sich ab 1961 feststellen. Viele Türken, die mit ihrem derzeitigen Einkommen und den heimischen Arbeitsbedingungen nicht zufrieden waren, erfuhren durch Mund-zu-Mund-Propaganda von den wirtschaftlichen Vorteilen eines Arbeitsaufenthaltes im Ausland; motivierend wirkten auch die staatliche Billigung und allmähliche Förderung von Arbeitstätigkeit im Ausland; schließlich wurde dieser Prozeß durch den Abschluß zwischenstaatlicher Abkommen zwischen der Türkei und der Bundesrepublik Deutschland gefördert.

Die bedeutendste Ursache für die Suche nach einem Arbeitsplatz im Ausland ist das hohe Bevölkerungswachstum in der Türkei. Die Bevölkerungszahl, die 1927 13,5 Millionen betragen hatte, stieg zunächst mäßig und erreichte 1945 18,7 Millionen. Im Jahr 1967 betrug sie bereits 27,8 Millionen und wuchs auf 31 Millionen im Jahr 1965 an. Die Türkei gehört mit einem durchschnittlichen Bevölkerungszuwachs von 2,5 Prozent zu der Gruppe der Länder mit einer sehr hohen Zuwachsrate. Demgegenüber stieg die Anzahl der Arbeitsplätze von 4,8 Millionen im Jahr 1927 auf 13 Millionen im Jahr 1960. Das Angebot von Arbeitsplätzen nahm nicht im gleichen Verhältnis wie die Bevölkerung im erwerbsfähigen Alter zu. Die hohe Anzahl von Familienmitgliedern, deren Lebensunterhalt von einer einzigen Arbeitskraft in der Familie bestritten werden mußte, stellte den Arbeitnehmer vor zusätzliche Probleme.

Wichtig ist in diesem Zusammenhang die Situation in der Landwirtschaft, da sie zu Beginn der Wanderbewegung das größte Arbeitsgebiet darstellte. So waren 1960 75 Prozent der türkischen Arbeitskräfte in der Landwirtschaft beschäftigt. Dabei handelte es sich in erster Linie um Saisonarbeiter, deren Beschäftigungsdauer zwischen einem Monat und vier Monaten pro Jahr liegt. Im Jahr 1972 registrierte man in der Türkei eine Arbeitslosenquote von 11 Prozent als Minimum für die günstigsten Monate des Jahres. Bei der Ermittlung dieser Zahl wurden die im Ausland tätigen Türken nicht berücksichtigt. 1972 betrug ihre geschätzte Zahl 800000. Demnach betrug der Anteil der türkischen Arbeitnehmer im Ausland an der Gesamtbevölkerung damals etwa 4 Prozent, wobei von insgesamt 710209 Arbeitnehmern im Ausland 515830 in der Bundesrepublik Deutschland waren; der Rest verteilte sich auf vierzehn andere Länder, insbesondere Frankreich, die Niederlande, Österreich, Belgien und die Schweiz. Diese Zahlen berücksichtigen nicht die Familienangehörigen der Arbeitnehmer. Bezieht man auch sie ein, so ergibt sich eine Zahl von 1079300 türkischen Bürgern im Oktober 1977 in der Bundesrepublik Deutschland. Sowohl Anfang der 60er Jahre als auch zu Beginn der 70er Jahre war die Türkei darauf angewiesen, Arbeitskräfte ins Ausland zu schikken, da sie nur auf diese Weise die Arbeitslosigkeit im Lande reduzieren und mit Hilfe der regelmäßigen Gastarbeiterüberweisungen ihr hohes Außenhandelsdefizit ausgleichen konnte. Neben der großen Arbeitslosigkeit, die nach wie vor die entscheidende Ursache für die Aufnahme einer Arbeitstätigkeit im Ausland ist, spielten auch andere Faktoren bei der Abwanderung der Arbeitnehmer eine große Rolle. Hier ist insbesonders der Wunsch nach besseren Arbeitsmöglichkeiten, höherer Entlohnung und effektiveren Sparmöglichkeiten zu erwähnen.

Die Abwanderung von Arbeitnehmern ins Ausland brachte der Türkei neben zahlreichen Vorteilen aber auch Probleme, die die türkische Gesellschaft und Volkswirtschaft erheblich belasteten. Sie lassen sich folgendermaßen zusammenfassen: Im Rahmen der Abwanderung verließen auch zahlreiche gelernte Arbeitskräfte die Türkei. Ihre Arbeitsplätze konnten nicht rasch genug mit entsprechend qualifizierten Arbeitnehmern neubesetzt werden. Besonders während der 60er Jahre nahmen viele Absolventen von Industrieberufsschulen und Abiturienten eine gut bezahlte Arbeitstätigkeit in der Bundesrepublik Deutschland an. Die Gastarbeiterüberweisungen, die bis 1974 ständig anstiegen, deckten zwar in großem Umfang das türkische Außenhandelsdefizit, führten andererseits jedoch zum Anstieg der Inflationsrate im Lande. Der zunehmenden Nachfrage nach Industriegütern stand nämlich kein entsprechendes Angebot gegenüber, so daß die Preise hierfür ständig stiegen. Die einzelnen Regierungen waren nicht in der Lage, die Geldüberweisungen auf Investitionen in dringend notwendige Industrieanlagen zu lenken. So floß der größte Teil dieser Gelder Grundstücksmaklern zu, womit auch auf diesem Gebiet die Preise rasch anstiegen. Die Tätigkeit im Ausland führte zu einer Entfremdung vom Heimatland, was insbesondere in der zweiten Generation, d.h. bei den in Deutschland geborenen Kindern der Gastarbeiter, zum Ausdruck kommt. Da sich die im Ausland tätigen Türken in der Türkei einen erheblich höheren Lebensstandard leisten können als die einheimische Bevölkerung, kommt es, besonders in den Dörfern, zu Unzufriedenheit, gegenseitiger Konkurrenz und Mißtrauen. Diese Probleme werden sich bei einer Massenrückkehr der Türken aus dem Ausland mit besonderer Deutlichkeit zeigen. Die Erwartungen und Vorstellungen dieser Arbeitnehmer haben sich während ihres Auslandsaufenthaltes grundlegend geändert, so daß mit erheblichen Anpassungsschwierigkeiten gerechnet werden muß. Hinzu kommt, daß bisher weder durch den Staat noch durch die Privatwirtschaft Arbeitsplätze für die aus dem Ausland Heimkehrenden geschaffen wurden.

Neben dem politischen und sozialen Wandel sind Veränderungen im finanziellen Bewußtsein der im Ausland tätigen Türken von großer Bedeutung. Dieser Bewußtseinswandel wird etwa daran erkennbar, daß viele Türken, die vor ihrer Abwanderung ins Ausland als Lohnabhängige bei einem Großgrundbesitzer gearbeitet hatten, nach ihrer Rückkehr in die Türkei eine selbständige Tätigkeit ausüben und auf diese Weise unabhängig sein wollen. Generell ist für die Auslandstürken weder eine Tätigkeit im Staatsdienst noch eine lohnabhängige Arbeit auf dem Privatsektor attraktiv. In diesem Zusammenhang muß erwähnt werden, daß die Möglichkeiten, derartige Tätigkeiten zu finden, ohnehin nicht sehr groß sind. Schließlich entspricht die hier zu erwartende Entlohnung auch nicht den Ansprüchen der Auslandstürken. Eine im Jahr 1973 durchgeführte Befragung hat ergeben, daß 74,8 Prozent der Türken nach ihrer Rückkehr eine selbständige Tätigkeit aufnehmen wollen. Bei den befragten Personen handelte es sich zu 72 Prozent um Volksschulabsolventen, 15 Prozent haben die Volksschule ohne Abschluß absolviert und 5 Prozent waren Analphabeten. Schon von der geringen Qualifikation her boten sich in diesen Fällen nur wenige Chancen. Aber auch Arbeitnehmer, die bessere Qualifikationen aufweisen können, beabsichtigen in erster Linie, sich als Handels- oder Geschäftsmann selbständig zu machen. Die oben erwähnte Umfrage zeigte deutlich, daß insbesondere Angehörige der Mittel- und Unterschicht weder dem Staat als Arbeitgeber Vertrauen schenken noch in den Dienst der wenigen türkischen Großgrund- oder Fabrikbesitzer treten wollen. Der Industriesektor, insbesondere seine Arbeits- und Gewinnmöglichkeiten, motivierten die Türken, später in ihrem Land in industriellen bzw. vorindustriellen Unternehmen zu arbeiten. Auch die Gründung derartiger Unternehmen war eines der Ziele heimkehrender Türken. Daneben ist die stärkste Motivation das Bedürfnis, für sich selbst zu arbeiten und Individualinvestitionen vorzunehmen.

Die differenzierten Motivationen und Erwartungen der im Ausland Tätigen können je nach den Herkunftsgebieten in zwei große

Gruppen eingeteilt werden. So haben türkische Arbeitnehmer aus ländlichen Gebieten andere Motive und Erwartungen von einer Arbeit im Ausland als die aus städtischen Gebieten. Die Arbeitnehmer aus den städtischen Gebieten streben den Erwerb einer Eigentumswohnung an, die sie entweder selbst bewohnen oder im Wege der Vermietung als Einkommensquelle nutzen möchten. Daneben wollen sie sich durch die Eröffnung kleiner Geschäfte oder Caféhäuser selbständig machen. Schließlich möchten sie mit den im Ausland erworbenen Ersparnissen bessere Wohnmöglichkeiten für sich und ihre Familien schaffen und ihren Kindern zu einer qualifizierten Schulausbildung verhelfen. Den Arbeitnehmern aus ländlichen Gebieten bot die Arbeitstätigkeit im Ausland unter anderem die Chance, ihr Schicksal grundlegend zu ändern und sich eine bessere Zukunft zu sichern. Sie konnten entweder eine höhere soziale Stellung in ihrem Heimatdorf erreichen oder sich in der Großstadt durch den Erwerb eines Geschäftes oder eines Taxis eine völlig neue Existenz aufbauen.

Durch Zahlung freiwilliger Beträge können türkische Arbeitnehmer in der Bundesrepublik Deutschland eine zusätzliche Rentenversicherung in ihrer Heimat neben der in Deutschland bestehenden abschließen. Diese Beiträge müssen in deutscher Währung gezahlt werden. Der Abschluß dieser zusätzlichen Versicherung bietet den Betroffenen die Möglichkeit, später eine Rente sowohl aus Deutschland als auch aus der Türkei zu beziehen. Die betroffenen Arbeitnehmer können also bei rückwirkender Zahlung ihrer Sozialversicherungsanteile in deutscher Währung nach der türkischen Sozialversicherungsordnung in den Genuß einer zusätzlichen Rente nach türkischem Recht kommen und damit den Zeitraum überbrücken, währenddessen ein Rentenanspruch nach deutschem Recht noch nicht entstanden ist. Daneben stellen die in DM gezahlten Versicherungsbeiträge eine Devisenquelle für den Staat dar, mit deren Hilfe das Devisendefizit kurzfristig überbrückt werden kann. Aber nicht nur der Staat profitiert von den Arbeitnehmern im Ausland, sondern auch die türkische Privatwirtschaft. So erlebte der Bausektor aufgrund der Investitionen der Auslandstürken eine Blütezeit. Daneben läßt sich auch ein Nutzen für die

Konsumindustrie, insbesondere für die langfristige Konsumgüter produzierende Industrie feststellen, da die Kaufkraft der in der Türkei lebenden Familienangehörigen der Arbeitsemigranten stark gewachsen ist.

Trotz dieser großen wirtschaftlichen Vorteile hat die Tätigkeit der Türken im Ausland auch negative Auswirkungen auf die türkische Wirtschaft: Da die Gastarbeiterüberweisungen, die jedes Jahr von der Regierung zur Überbrückung des Außenhandelsdefizits fest eingeplant werden, Schwankungen unterliegen und nicht immer im gleichen Umfang eintreffen, kommt es häufig zu unerwarteten Verzögerungen bei der Erfüllung der Auslandsverpflichtungen. Die Überweisungen treiben die ohnehin schon hohe Inflationsrate im Lande weiter voran, da die Nachfragesteigerung bei fast konstant bleibendem Angebot starke Preissteigerungen nach sich zieht. Infolge des Anwerbestopps durch die Bundesregierung vom 23. November 1973 ging der Export von Arbeitskräften stark zurück. Hinzu kam die Rezession, die ebenfalls zur Rückkehr vieler Auslandstürken in die Heimat führte und die türkische Regierung völlig unerwartet vor eine nicht vorhergesehene Situation stellte, die neue soziale und wirtschaftliche Probleme entstehen ließ.

Völlig anders stellt sich die Funktion der türkischen Arbeitnehmer für die deutsche Gesellschaft und ihre Wirtschaft dar: Ein großer Teil der Türken hatte noch bei der Anwerbung in der Türkei für die ersten ein bis zwei Arbeitsjahre in Deutschland Verträge zu sehr niedrigen Stundenlöhnen abgeschlossen. Wegen fehlender deutscher Sprachkenntnisse hatten sie sich hiergegen nicht wehren können. Als extrem billige Arbeitskräfte dienten sie der Kostenminimierung einzelner Unternehmen. Ferner profitierten die deutschen Rentenversicherungen von den Versicherungsbeiträgen der Türken. Da eine Pensionsberechtigung nach deutschem Recht erst mit dem 65. Lebensjahr besteht, die durchschnittliche Lebensdauer der Türken aber nur 58,7 Jahre beträgt, kommt es nur selten zu einer späteren Auszahlung der Renten. Daher lassen sich sehr viele Türken nach ihrer Rückkehr in die Türkei nach einer zweijährigen Wartezeit den Arbeitnehmeranteil der eingezahlten Beiträge auszahlen. Die Arbeitgeberanteile dagegen verbleiben bei den Rentenversicherungen. Die Nachfrage türkischer Arbeitnehmer nach Konsumgütern, insbesondere nach langlebigen Konsumgütern, ließ die Produktion in den entsprechenden Industriebranchen ansteigen und ermöglichte damit zugleich neue Arbeitsplätze. Die Gewinne der deutschen Industrie stiegen auch durch die Bildung von türkischen Arbeitnehmergesellschaften, die fast 70 Prozent ihrer Maschinen aus Deutschland beziehen.

Die Beschäftigung türkischer Arbeitnehmer war für die Bundesrepublik Deutschland aber nicht nur mit Vorteilen, sondern auch mit Problemen verbunden. So stieg die Anzahl der in Deutschland lebenden Türken trotz des Anwerbestopps weiterhin an, da die Familienangehörigen in der Regel nach kurzer Zeit nach Deutschland zogen. Hierdurch entstanden besonders in Ballungsgebieten Ghettos. Durch den starken Zuwachs an türkischen Kindern wurden zusätzliche Aufwendungen im Kindergarten- und Schulwesen erforderlich. Insgesamt ist festzustellen, daß sowohl die Bundesrepublik Deutschland als auch die Türkei trotz zahlreicher Nachteile von der Arbeitswanderung mindestens ebenso stark profitieren wie die türkischen Arbeitnehmer selber, die wegen der mangelhaften türkischen Staats- und Wirtschaftsführung ihre Arbeitskraft in Deutschland verkaufen müssen.

XVIII. Die türkische Wohnbevölkerung in der Bundesrepublik Deutschland zwischen Integration und Reintegration

Zur Zeit leben in der Bundesrepublik Deutschland, wie aus Zahlenerhebungen vom Dezember 1989 hervorgeht, rund 4,8 Mill. Ausländer; dies entspricht einem Anteil von 7,7 Prozent an der Gesamtbevölkerung. Davon kommen ca. 3,3 Millionen aus Anwerbeländern; der größte Teil, nämlich 33 Prozent aller Ausländer, d.h. 1,612 Millionen, stammen jedoch aus der Türkei. Diese Gruppe, die während der 60er Jahre hauptsächlich aus türkischen Arbeitern bestand, hat sich inzwischen mit zunehmendem Zuwachs von Familienangehörigen zu einer Wohnbevölkerung entwickelt. Sie umfaßt rund 650000 Arbeitnehmer, das bedeutet, daß nur 40 Prozent der türkischen Wohnbevölkerung erwerbstätig sind. Die zunehmend ausländerablehnende Haltung, die heute in der deutschen Öffentlichkeit bemerkbar wird, belastet die Bemühungen um eine Integration der Ausländer. Die Türken bilden in der öffentlichen Diskussion die Gruppe, deren Integration nur schwer zu verwirklichen sei. Dabei werden im wesentlichen folgende Argumente ins Feld geführt: Die Türken kommen aus einem den Europäern fernen Kulturkreis; sie haben eine andere Religion; sie sind Moslems und haben ganz andere Wertmuster; sie haben kein Interesse, sich einzugliedern, leben in Ghettos und hängen sehr stark ihren eigenen Traditionen an; ihre Zahl nimmt in Deutschland trotz des Anwerbestopps weiter zu. Diese Argumentationskette ließe sich noch fortsetzen.

Angesichts der tatsächlichen oder vermeintlichen Hindernisse einer Integration der Türken ist inzwischen die Frage ihrer Reintegration in die Türkei in den Vordergrund der Diskussion getreten. Daß die Problematik einer Integration oder Reintegration gerade der türkischen Bevölkerung von hervorragender Bedeutung ist und dringend einer Lösung bedarf, verdeutlichen folgende Zahlen: Während die Zahl der Griechen in Deutschland nach dem Anwerbestopp von 1973 bis 1981 um 193500 und die der Spanier um 77800 zurückgegangen ist, stieg die Zahl der Türken in demselben Zeitraum um 436500. Die Türken haben also trotz des Anwerbestopps vom November 1973 die Einwanderung in die Bundesrepublik Deutschland im Gegensatz zu anderen Ausländergruppen auf dem Wege der Familienzusammenführung fortgesetzt.

Die Wanderung der ersten Türken ab 1961 war von den deutschen Arbeitgebern und Politikern voll befürwortet worden. Seinerzeit war die Situation des deutschen Arbeitsmarktes dadurch gekennzeichnet, daß einer halben Million offener Stellen nur 180000 Arbeitssuchende gegenüberstanden. Die ersten türkischen Arbeitnehmer in Deutschland wollten nach einer begrenzten Aufenthaltsdauer zwischen vier und sechs Jahren wieder in die Türkei zurückkehren, um sich dort eine neue selbständige Existenz aufzubauen. Während der ersten Rezession in der Bundesrepublik Deutschland 1966–67 mußten viele in die Türkei zurückkehren, ohne ihr Ziel verwirklichen zu können. Die Rezession brachte den Türken zunächst die Erfahrung, daß die geplante Aufenthaltsdauer in Deutschland von zahlreichen äußeren Faktoren abhängig sein kann. Darüber hinaus mußten sie feststellen, daß eine Aufenthaltsdauer von vier bis sechs Jahren für eine Kapitalakkumulation, die ihnen in der Türkei den Aufbau einer neuen Existenz sichern konnte, nicht ausreichen würde.

Nach der Rezession von 1967 bis zur Verhängung des Anwerbestopps im November 1973 versuchten erneut zahlreiche Türken, zur Erfüllung ihrer Ziele eine Arbeitstätigkeit in Deutschland zu finden. Auch Türken, die während der Rezession zurückgekehrt waren, machten die Erfahrung, daß ihre geringen Ersparnisse, bedingt durch die wirtschaftliche Entwicklung in der Türkei, für den Aufbau einer Existenz nicht ausreichten. Viele versuchten ihr Glück wieder in Deutschland. Damals bestand in Gießereien, in der Textil- und Kunststoffverarbeitung, in der Kfz-Industrie, der Eisen- und Stahlerzeugung und im Bergbau noch eine starke Nachfrage nach ausländischen Arbeitskräften. Nach dem Anwerbestopp trat die Wanderung der Türken in die Bundesrepublik Deutschland in eine dritte Phase. Diesmal bestand der Zuzug von Türken nicht aus den von der deutschen Industrie angeworbenen Arbeitskräften, sondern aus Ehegatten und Kindern hier schon lebender Arbeitnehmer. So konnte die Zahl der Türken in Deutschland trotz des Anwerbestopps weiter ansteigen.

Während der Wanderbewegungen der Türken seit 1961 hat es verschiedene Reintegrationsversuche gegeben, die auch von deutscher Seite unter dem Aspekt der Remigrationsförderung im Rahmen der Entwicklungspolitik unterstützt wurden. Der Versuch, durch die Gründung kleiner Unternehmen und durch den Erwerb von Häusern und Eigentumswohnungen die Zukunft in der Türkei zu sichern, ist häufig gescheitert. Die ständig steigende Inflationsrate und die Marktbedingungen in der Türkei, die den Rückkehrern weitgehend unbekannt waren, sorgten in vielen Fällen für das Scheitern individueller Investitionen. Hinzu kam eine starke Investitionstätigkeit der türkischen Großholdings, so daß in den von ihnen besetzten Branchen Unternehmen mit geringem Eigenkapital keine Chance hatten. Auch eine Eingliederung der Heimkehrer als Arbeitnehmer in den Arbeitsprozeß war aufgrund der knappen Arbeitsplätze und der hohen Bevölkerungswachstumsrate schwierig.

Neben diesen individuellen Versuchen gab es auch gemeinsame Versuche einer Reintegration; so schlossen sich ab 1966 türkische Arbeiter, die aus derselben Gegend in der Türkei stammten oder in demselben Unternehmen in Deutschland arbeiteten, zusammen und gründeten Aktiengesellschaften. Diese Arbeitnehmeraktiengesellschaften sollten in der Türkei, in erster Linie in Anatolien, dazu verhelfen, industrielle Unternehmen aufzubauen (vgl. nächstes Kapitel). Sie werden in der Literatur als „türkisches Modell" erwähnt und gelten in der Migrationsgeschichte der Türken als bedeutendste Reintegrationsmöglichkeit. Sie konnten allerdings die in sie gesetzten Erwartungen kaum erfüllen. Für das Scheitern der Individual- und Kollektivinvestitionen wie auch für die Probleme bei der wirtschaftlichen Wiedereingliederung im allgemeinen ist in erster Linie die politische und wirtschaftliche Instabilität während der 70er Jahre in der Türkei verantwortlich. Die neue türkische Wirtschaftspolitik mit vorprogrammierten hohen Arbeitslosenzahlen nahm vielen Türken die letzte Hoffnung auf eine mögliche Rückkehr und läßt ihren langfristigen Verbleib in Deutschland bis zum Eintritt ins Rentenalter realistisch erscheinen.

Neben der wirtschaftlichen Entwicklung erschwert auch die politische Situation seit dem Militärputsch 1980 eine Reintegration der Türken. So stellt sich erneut die Frage, inwieweit die Türken inzwischen hier in der Bundesrepublik Deutschland integriert sind und weiter integriert werden können. Die Situation der in der Bundesrepublik Deutschland lebenden Türken läßt sich anhand von vier verschiedenen Integrationsansätzen messen, nämlich dem einer beruflichen, politischen, sozialen und wirtschaftlichen Integration. Die ersten positiven Integrationsansätze, im Gegenzug zu der rapiden Verschlechterung der türkischen Wirtschaft, wurden seit 1979 bei den Versuchen einer wirtschaftlichen Eingliederung der Türken in Deutschland erkennbar. Die Instabilität der türkischen Währung, das geringe Vertrauen in die türkische Wirtschaft und die dadurch bedingte Abnahme des Rückkehrwillens haben dazu beigetragen, daß die Türken inzwischen Kapitaleinlagen in Deutschland bevorzugen. Dabei spielt natürlich auch die Stabilität der deutschen Währung eine Rolle. Gleichzeitig wurde eine abnehmende Tendenz beim Sparverhalten bemerkbar. Zwischen 1975 und 1978 betrug das Sparvolumen 45 Prozent des Einkommens, während es 1981 auf 35 und 1987 auf 16 Prozent sank. Ursache ist wohl in erster Linie der Umstand, daß die Erwerbsquote der türkischen Wohnbevölkerung nicht sehr hoch ist und die Erwerbstätigen die im Rahmen der Familienzusammenführung nachgereisten Familienmitglieder miternähren müssen. Die Distanzierung von dem Gedanken an eine Rückkehr in die Türkei hat aber auch das Konsum- und Sparverhalten verändert. Mit zunehmender Aufenthaltsdauer in Deutschland nimmt die Nachfrage nach langlebigen Konsumgütern zu. So läßt sich bei den Türken besonders während der letzten beiden Jahre ein deutlicher Anstieg beim Kauf von Fernseh- und Rundfunkgeräten, Kraftfahrzeugen, Waschmaschinen und Möbeln verzeichnen.

Abb. 8: Ein typisches türkisches Geschäft in der Bundesrepublik.

Als zweiter Aspekt einer beginnenden wirtschaftlichen Integration ist die Zunahme von selbständigen Erwerbstätigkeiten der Türken in Deutschland zu erwähnen. In jüngster Zeit versuchen zahlreiche Türken, sich in der Bundesrepublik Deutschland selbständig zu machen. Die ersten Türkengeschäfte wie Reisebüros, Änderungsschneidereien, Lebensmittelgeschäfte und Metzgereien, die Ende der 60er und Anfang der 70er Jahre eröffnet wurden, werden ständig um neue Geschäftsbereiche erweitert. Immer mehr Türken bemühen sich bei den Behörden und den Industrie- und Handelskammern um eine Gewerbeerlaubnis. Auch in Großmärkten fassen die Türken mit ihren Geschäften Fuß. Türkische Lebensmittelketten, Kassetten- und Videokassettenfirmen erzielen inzwischen Millionen-Umsätze. Nach letzten Schätzungen im Jahr 1990 ist von ca. 33000 türkischen Selbständigen auszugehen, die ca. 115000 neue Arbeitsplätze geschaffen haben. Als ganz neue Entwicklung ist der Erwerb von Immobilien in Deutschland durch

Türken zu nennen. In Hessen, Bayern und Nordrhein-Westfalen zeigen Türken starkes Interesse am Kauf von Immobilien. In Düsseldorf, Frankfurt und München bieten zahlreiche Immobilienfirmen ihre Objekte gezielt türkischen Arbeitnehmern an. Heute besteht unter Türken eine große Nachfrage nach Eigentumswohnungen in Frankfurt, nach Häusern in Bamberg und nach Bauernhäusern im Münsterland. Begleitet wird diese Tendenz von einem wachsenden Interesse an Bausparverträgen und Lebensversicherungen. Seit 1979 bemühen sich immer mehr Bausparkassen um türkische Kunden. 1980 haben zahlreiche Bausparkassen unter den Türken in Deutschland eine neue Zielgruppe gefunden. Nach Schätzungen haben in den Jahren 1980 bis 1987 135000 Türken einen Bausparvertrag abgeschlossen. Eine ähnliche Entwicklung zeichnet sich bei den Lebensversicherungen ab. Diese Tendenz ist ein verhältnismäßig zuverlässiger Indikator dafür, daß Türken in zunehmendem Maße hier im Land investieren wollen und werden.

Während also die wirtschaftliche Integration fortschreitet, stehen der beruflichen, sozialen und politischen Integration noch große Hemmnisse entgegen. Im Vordergrund sind dabei die Probleme der zweiten Türkengeneration hinsichtlich ihrer beruflichen Eingliederung. Die erste Generation, die für bestimmte Hilfsarbeitertätigkeiten von der deutschen Industrie angeworben worden war, hatte schon bei der Einreise in die Bundesrepublik einen Arbeitsplatz. Abgesehen von den Rezessionsphasen hatte diese Gruppe in der Vergangenheit nur wenig Probleme mit der Sicherheit des Arbeitsplatzes. Die jüngsten Entwicklungen auf dem deutschen Arbeitsmarkt haben zwar auch diese Arbeitsplätze in Frage gestellt, doch leidet zur Zeit am stärksten die zweite Generation unter den schwierigen beruflichen Eingliederungsmöglichkeiten. Die Chancen der zweiten Generation können langfristig nur durch eine Intensivierung der Betreuung vom Kindergartenbesuch an verbessert werden. Zwar hat der Kindergartenbesuch türkischer Kinder in letzter Zeit zugenommen, dennoch sind sie im Vergleich zu deutschen und anderen ausländischen Kindern in den Kindergärten unterrepräsentiert. Während 80 Prozent der deutschen, 75,5 Prozent der portugiesischen und 68 Prozent der jugoslawischen

Kinder den deutschen Kindergarten besuchen, beträgt der Anteil bei den türkischen Kindern nur 39 Prozent. Die Abneigung der Eltern konfessionellen Kindergärten gegenüber, eine fehlende Aufklärung der Eltern und das zahlenmäßige Anwachsen der Koranschulen in Deutschland sind hierfür Ursachen.

Die Mißerfolge der türkischen Kinder und Jugendlichen in den Haupt- und weiterbildenden Schulen sind weitere Faktoren, die ihre berufliche Eingliederung erschweren. Erforderlich sind hier Fortbildungsangebote für Lehrer, speziell bezogen auf Ausländerkinder. Kenntnis der sozioökonomischen Situation in der Türkei sowie Kenntnisse in der grammatischen Struktur der türkischen Sprache würden den Lehrern türkischer Kinder die Arbeit wesentlich erleichtern und eine effektivere Förderung in der Schule ermöglichen. Wichtig wären auch Weiterbildungsangebote für ausländische Eltern über die gesellschaftspolitische Situation in Deutschland durch Institutionen wie die Volkshochschule, weil dann den Kindern bereits im Elternhaus gewisse Vorkenntnisse vermittelt werden könnten. Als weitere Maßnahme wäre die Weiterbildung der Ausbilder türkischer Jugendlicher in deutschen Betrieben notwendig. Auch ihnen müßten Kenntnisse über die Verhältnisse in der Türkei sowie über die Wertmuster der türkischen Gesellschaft vermittelt werden, um Erfolge während der beruflichen Ausbildung sicherzustellen. Auf türkischer Seite könnte eine Aufklärung der Familien durch türkische Sozialberater über die Vorteile einer Berufsausbildung in Deutschland stattfinden. Auf diese Weise könnte die berufliche Integration gefördert werden.

Zur Zeit besteht für Auländer in der Bundesrepublik Deutschland keine Möglichkeit der politischen Partizipation. Die in zahlreichen Städten existierenden Ausländerbeiräte konnten diese Funktion in der Vergangenheit nicht erfüllen. Wenn wir davon ausgehen, daß mehr als die Hälfte der Türken in Deutschland seit mindestens siebzehn Jahren hier leben und daß viele von ihnen langfristig hierbleiben wollen, ergibt sich zwangsläufig die Forderung nach Gewährung politischer Rechte wie des kommunalen Wahlrechts. Mehrere von SPD und Grünen regierte Bundesländer beschlossen dementsprechend Ende der 80er Jahre die Einführung des kommunalen Wahlrechts für bestimmte Gruppen von Ausländern. Dagegen legte die CDU Beschwerde beim Bundesverfassungsgericht ein. Das BVG entschied Anfang November 1990, daß in Art. 20 des Grundgesetzes, in dem es heißt, „Alle Staatsgewalt geht vom Volke aus", mit Volk nur Deutsche gemeint seien. Dieses Urteil zerstörte die letzte Hoffnung darauf, daß wenigstens diese unterste Stufe des Wahlrechts den Menschen, die hier zum großen Teil schon mehr als 17 Jahre leben, zugesagt werden würde. Die Gewährung des kommunalen Wahlrechts hätte das gegenseitige Interesse der Türken und Deutschen steigern können. Die deutschen Parteien und ihre Politiker hätten sich stärker um die Belange der Ausländer gekümmert, da diese dann ein beachtliches Wählerpotential dargestellt hätten. Auf der anderen Seite hätte durch diesen Schritt das politische Interesse der Türken, das zur Zeit noch überwiegend an den Geschehnissen in der Heimat orientiert ist, auf die Ereignisse in Deutschland gelenkt werden können. Auf diese Weise wären auch die eine Integration hemmenden Einflüsse extremistischer türkischer Organisationen wie der „Grauen Wölfe" zurückgegangen. Die Zielsetzungen dieser Organisationen, die nur auf die Türkei ausgerichtet sind, lassen bei vielen Türken ein Interesse an den hiesigen Entwicklungen nicht aufkommen. Es ist anzunehmen, daß Türken, die lange hier leben wollen, durch Gewährung des kommunalen Wahlrechts mehr und mehr in die deutschen Parteien integriert worden wären.

Die Mitgliedschaft in einer deutschen Partei – mit Ausnahme der CSU – steht den Ausländern offen. Das Interesse, sich in diesen Parteien zu organisieren, nimmt erst langsam zu. Einen nennenswerten Anteil türkischer Mitglieder verzeichnet bisher die SPD, bei der von ca. 971000 Mitgliedern ungefähr 24000 Türken sind. Gegenwärtig beträgt der Anteil der Türken an der Gesamtbevölkerung 2,5 Prozent; das entspricht annähernd dem Anteil der Türken an der Gesamtmitgliederzahl der SPD. Eine Förderung der intensiven Integration der Türken in die deutschen Parteien ließe erwarten, daß viele Türken eine Mitgliedschaft bei den großen Parteien erwägen würden. Laut einer Umfrage von Hürriyet, der größten türkischen Tageszeitung in der Bundesrepublik Deutschland mit einer bundesweiten Gesamtauflage von über 100000 Exemplaren, bei der im März 1983 14551 Türken befragt wurden, würden diese im Falle einer Gewährung des kommunalen Wahlrechts in der Bundesrepublik zu 63,2 Prozent SPD wählen, zu 27,7 Prozent CDU, zu 3,9 Prozent die Grünen, zu 3,3 Prozent FDP und nur zu 1,9 Prozent andere Parteien. Drei Jahre danach führte das Zentrum für Türkeistudien (im März 1986) unter 647 Befragten in acht Städten der Bundesrepublik Deutschland eine Untersuchung durch. Danach würden 67 Prozent die SPD wählen, 9 Prozent die Grünen, 4 Prozent die CDU, und 1 Prozent die FDP, 16 Prozent gaben keine Antwort, 3 Prozent würden andere Parteien wählen. Auffallend bei dieser Umfrage war das schlechte Abschneiden der CDU/CSU, das hauptsächlich auf die restriktive Ausländerpolitik des damaligen Innenministers Zimmermann von der CSU zurückzuführen ist.

Die ersten Bewegungen hinsichtlich der politischen Integration der türkischen Wohnbevölkerung in die deutschen Parteien lassen sich bei den Großparteien CDU und SPD feststellen. Während die CDU ihre Zusammenarbeit mit der konservativen Föderation der Türken „Hür-Türk" verstärkt, beginnt die SPD, in einzelnen Bundesländern mit dem Dachverband der türkischen Sozialdemokraten in Deutschland zusammenzuarbeiten. Außerdem sind heute, wenn auch in geringer Zahl, in den Unterbezirken der SPD und sogar im Landesvorstand der JUSOS in Nordrhein-Westfalen Türken als Vorstandsmitglieder vertreten. Die Grünen nominierten des öfteren Türken als Kandidaten für Bundestags- und Landtagswahlen, um so die Notwendigkeit politischer Integration zu dokumentieren. Die geschilderten Ansätze der beruflichen, wirtschaftlichen und politischen Integration sind erste Schritte auf dem Weg zur Verwirklichung der gewünschten sozialen Integration.

Generell erfordert eine Integration der Türken eine gesetzliche Absicherung. Auf dem Hintergrund des derzeitigen Ausländergesetzes und der heute praktizierten restriktiven Ausländerpolitik können sich die Türken in der Bundesrepublik Deutschland nur wenig sicher fühlen. Die Zurückhaltung bei der Gewährung von Aufenthaltsberechtigungen und die restriktive Handhabung des

Ausländergesetzes durch die Ausländerbehörden verunsichern die hier lebenden Türken. Zunächst müßte diese Unsicherheit über den eigenen Status abgebaut werden. Solange dies nicht geschieht, bleibt das Interesse der Türken an einer sozialen Integration gering. Bei der sozialen Integration darf in keinem Fall die erste Generation vernachlässigt werden. Die Integration der zweiten und dritten Generation kann nur schwer verwirklicht werden, wenn die notwendigen Maßnahmen für die erste Generation nicht ergriffen werden.

Soziale Integration erfordert von den Türken zwingend eine Anpassung an die äußeren Lebensumstände in der Bundesrepublik Deutschland und die Respektierung der hiesigen Gesetze. Dies setzt zunächst bessere Kenntnisse der deutschen Sprache voraus. Durch eine Intensivierung von Sprachkursen könnten gezielt auch die türkischen Frauen angesprochen werden, die zur Zeit in Deutschland eine doppelte Diskriminierung, als Frau und als Ausländerin, erfahren. Für die türkischen Frauen und Mädchen stellt sich die soziale Integration am problematischsten dar. Die Frauen, die seit 1974 im Rahmen der Familienzusammenführung hierher kamen, mußten zunächst vier Jahre lang auf die Erteilung einer Arbeitserlaubnis warten. Während dieser Zeit waren ihre Kontakte mit der deutschen Umwelt auf ein Minimum beschränkt. Die Rolle der Frau ist nach dem türkischen Wertmuster durch eine starke Abhängigkeit vom Mann gekennzeichnet, die in Deutschland aufgrund der fehlenden Außenkontakte noch verstärkt wird und zur Isolation führt. Für die Lösung der speziellen Probleme türkischer Frauen fehlen entsprechende Angebote der Sozialbetreuung. Türkische Frauen sind bundesweit in den türkischen Sozialbetreuungsstellen der Arbeiterwohlfahrt äußerst selten zu sehen. Ihre Probleme sind in Deutschland noch ungelöst; sie werden auf die Kinder, speziell die Mädchen, reflektiert. Die Sozialisation der zweiten Generation in Ghettos mit diskriminierten Müttern ist ein großes Hemmnis auf dem Weg zur sozialen Integration.

Jüngste Untersuchungen zeigen, daß Türken in Deutschland im Vergleich zu anderen Ausländergruppen am wenigsten Interesse an einer Rückkehr zeigen. Nach der deutschen Wohnbevölkerung repräsentieren die Türken die zweitgrößte Wohnbevölkerung im Land. Abgesehen von den notwendigen politischen und gesetzlichen Schritten, die den Türken größere Gleichberechtigung bei der Berufs- und Arbeitsfindung sowie aufenthaltsrechtliche Sicherheiten bieten sollen, wird insbesondere auch auf die türkischen und deutschen Sozialarbeiter eine Fülle von Aufgaben zukommen.

XIX. Ein türkisches Modell für die Reintegration: „Arbeitnehmergesellschaften"

Die Integration der Türken scheint trotz der erwähnten Schwierigkeiten wesentlich realistischer zu sein als ihre Reintegration in die Türkei. Ein Reintegrationsversuch, der als „Türkisches Modell" bezeichnet wird, ist die Bildung von Arbeitnehmergesellschaften. Diese sind in den 80er Jahren sowohl in der Türkei als auch in der Bundesrepublik Deutschland wieder aktuell geworden.

Seit Mitte der 60er Jahre zeichnete sich mit zunehmender Abwanderung von Arbeitnehmern ins Ausland eine neue Entwicklung unter den in der BRD lebenden Türken ab. Ihnen ließen, wenn sie heimkehren wollten, die fortschreitende Industrialisierung der Türkei und die besonderen Geschäftsbedingungen des türkischen Wirtschaftslebens keine Chance für ihre Individualinvestitionen. Deshalb unternahmen sie massive Bestrebungen zur Gründung eigener Kollektivunternehmen in Form von Aktiengesellschaften. Als Ursache für die Entstehung dieser Arbeitnehmergesellschaften und als Motivation der Türken im Ausland für den Erwerb von Aktien lassen sich folgende Gesichtspunkte anführen: Im Vordergrund steht der Wunsch, sich für die spätere Rückkehr in die Türkei einen Arbeitsplatz zu sichern. Türkische Arbeitnehmer investieren ihre Ersparnisse auch deshalb in Arbeitnehmergesellschaften, weil sie sich hiervon eine zusätzliche Einkommensquelle in Form von Dividenden erhoffen. Bei vielen Türken spielt der Lokalpatriotismus eine besondere Rolle. Sie möchten besonders für die Entwicklung und Industrialisierung ihres Heimatortes einen Beitrag leisten. Viele Arbeitnehmergesellschaften werden von Bewohnern desselben Ortes gegründet, um an Ort und Stelle zu investieren.

Nachdem die erste Arbeitnehmergesellschaft „Türksan" mit einem Grundkapital von 10 Millionen TL gegründet worden war, erreichte sie große Popularität und hat mit ihren heute über 7000 Aktionären eine Vorbildfunktion für die Gründung weiterer Gesellschaften ausgeübt. „Türksan" war zusammen mit der 1967 gegründeten „Işbir-Holding" Initiator dieser Ideen. Die Anzahl der Arbeitnehmergesellschaften stieg 1972 auf 28. In den nächsten drei Jahren bis 1975 verdoppelte sich diese Zahl. Durch Neugründungen von 1976 bis 1978 stieg die Anzahl der Gesellschaften auf 183. Im Frühjahr 1980 waren in der Türkei über 230 Arbeitnehmergesellschaften registriert. Nach den Untersuchungen der dafür zuständigen türkischen Bank DESIYAB gab es 1983 in der Türkei 322 Arbeitnehmergesellschaften. Die Untersuchung, die von September 1982 bis Februar 1983 durchgeführt wurde, umfaßte sämtliche existierenden Arbeitnehmergesellschaften. Die sektorale Verteilung der Gesellschaften zeigt, daß sie hauptsächlich in der Verarbeitungsindustrie tätig sind bzw. tätig sein wollen. In der Rangliste nehmen heute die Lebensmittel-, die Baumaterial-, die Genußmittel- und die Chemieindustrie sowie die Forstwirtschaft die ersten Plätze ein. Die besonderen Zielsetzungen der Arbeitnehmergesellschaften, die im folgenden skizziert werden, bestimmen auch ihre Struktur: Mitbestimmung im eigenen Betrieb auf dem Wege der Kapitalbeteiligung, Einflußnahme auf den Produktionsprozeß, Ermöglichung und Erleichterung der Reintegration durch die Schaffung neuer industrieller Arbeitsplätze besonders in ländlichen Gegenden der Türkei, deren Industrialisierung überhaupt, Verteilung des erzielten Gewinns unter den Aktionären, die eventuell auch als Arbeitnehmer im eigenen Betrieb tätig sind, Steigerung politischer Einflußnahme breiter Bevölkerungsschichten durch kollektive Wirtschaftsaktivitäten. Mit den genannten Zielsetzungen wollten die türkischen Arbeitnehmer in der Bundesrepublik Deutschland ein neues wirtschaftliches, soziales und politisches Modell entwikkeln, um sich in der Türkei in Zukunft unabhängig vom Staatssektor und vom Privatsektor als Arbeitgeber weiterentwickeln zu können.

Nach dem Wiedereingliederungsabkommen zwischen den Regierungen der Türkei und der Bundesrepublik Deutschland wurde von der deutschen Seite her ab Anfang 1974 eine Consulting Firma mit der Beratung und Betreuung der Arbeitnehmergesellschaften beauftragt. In Zusammenarbeit mit diesem Unternehmen und durch die Unterstützung des Bundesministeriums für wirtschaftliche Zusammenarbeit (BMZ) entstand der „Verband der türkischen Arbeitnehmergesellschaften" mit Sitz in Bonn, der nach kurzer Zeit wieder aufgelöst wurde. Seine Funktion wurde einer Unterorganisation der beauftragten Consulting Firma übertragen. Auf der türkischen Seite haben die ständig wechselnden Regierungen in den 70er Jahren im Hinblick auf diese Bewegung keine gezielten Förderungen unternommen. Von 1978 bis kurz vor Ende 1979 plante zwar ein neu eingerichtetes Ministerium bestimmte Förderungsmaßnahmen; nach dem Regierungswechsel Ende 1979 wurden sie jedoch aufgegeben. Die Vernachlässigung dieses Modells durch die türkische Seite konnte während dieser Zeit von der deutschen Seite trotz gutwilliger Bemühungen des BMZ nicht ausgeglichen werden. Die Unkenntnis der Consulting Firma bezüglich der türkischen Wirtschaftsstruktur, die Größe des Projekts sowie Struktur des beauftragten Unternehmens waren einer effektiven Förderung hinderlich.

Falsche Standortwahlen, falsche Projektwahlen, den Realitäten nicht entsprechende Feasibility-Studien sowie Probleme hinsichtlich des Managements und des Fachpersonals hatten zur Folge, daß viele Arbeitnehmergesellschaften in Konkurs gingen oder eine extrem lange Realisierungsdauer, verbunden mit höheren Gründungskosten, hinnehmen mußten. Im Rahmen einer Untersuchung von 32 ausgewählten Arbeitnehmergesellschaften wurde festgestellt, daß zwischen der Gründung und der Produktionsaufnahme vier bis sechs Jahre vergehen. Auch im Hinblick auf die Ausschüttung von Gewinnen haben die Arbeitnehmergesellschaften bisher keine erwähnenswerte wirtschaftliche Funktion einnehmen können. Unter den vielen Arbeitnehmergesellschaften stellt nur die „Işbir Holding", die seinerzeit mit der Herstellung von Kunststoffsäcken angefangen hatte, eine Ausnahme dar. Diese Holding, die inzwischen in verschiedenen Branchen aktiv geworden ist, schüttet seit 1972 Dividenden aus. Bei den anderen Arbeitnehmergesellschaften kommt es dagegen nur selten zu Gewinnausschüttungen. In einem Land wie der Türkei, in dem die Inflationsrate seit Beginn der 70er Jahre bei mehr als 30 Prozent liegt und 1980 sogar auf 108 Prozent gestiegen ist, ist der wirtschaftliche Nutzen der Arbeitnehmergesellschaften für die ungefähr 155 000 Aktionäre sehr gering. Nur die 4186 Aktionäre der „Işbir Holding“-Gesellschaft kommen kontinuierlich seit 1972 in den regelmäßigen Genuß einer Dividendenausschüttung von durchschnittlich 25 Prozent. Insgesamt sind dies nur 3,7 Prozent aller von den Untersuchungen erfaßten Aktionäre. Auf der anderen Seite erhalten die türkischen Arbeitnehmer für ihre Spareinlagen bei den türkischen Banken jährlich bis zu 55 Prozent Zinsen. Unter diesen Umständen stellt der Kauf von Aktien einer Arbeitnehmergesellschaft keine attraktive Alternative für die Anlage von Ersparnissen dar.

Das Hauptziel der Arbeitnehmergesellschaften war die Schaffung der Arbeitsplätze, die der Reintegration türkischer Arbeitnehmer dienen sollte. Legt man die bereits erwähnte Untersuchung zugrunde, so stellt man jedoch fest, daß an den untersuchten 32 Arbeitnehmergesellschaften zwar 71 984 Aktionäre beteiligt waren, durch diese Gesellschaften unter den günstigsten Voraussetzungen aber nur maximal 5415 Arbeitsplätze geschaffen werden konnten. Dies bedeutet, daß günstigstenfalls jedem 13. Aktionär ein Arbeitsplatz zur Verfügung stand. Stellt man die Anzahl der Aktionäre aller Arbeitnehmergesellschaften den neugeschaffenen Arbeitsplätzen gegenüber, so verschlechtert sich diese Relation wesentlich. Beim Verkauf der Aktien wird häufig mit dem Argument geworben, daß man nach der Rückkehr in die Türkei in der eigenen Gesellschaft mit einem Arbeitsplatz rechnen kann. Wie aber aus der Beschäftigungskapazität zu entnehmen ist, ist der Arbeitsplatzbeschaffungseffekt der Arbeitnehmergesellschaften für ihre Aktionäre tatsächlich nur gering. Hinzu kommt, daß viele Arbeitnehmergesellschaften heute hauptsächlich Arbeiter aus der Umgebung zu den gesetzlichen Mindestlöhnen beschäftigen, um Lohn und Sozialleistungen einzusparen. Die remigrierten türkischen Arbeiter, die in Deutschland ein höheres Einkommen und daneben Anspruch auf umfassende soziale Leistungen hatten, sind dagegen nicht bereit, zu diesen Konditionen zu arbeiten. Betrachtet man die gesamte Entwicklung der Arbeitnehmergesellschaften und der ihr zugrundeliegenden Ideen von 1966 bis 1979, so kann man feststellen, daß die Arbeitnehmergesellschaften ihre verschiedenen Ziele aus den unterschiedlichsten Gründen nicht erreicht haben.

Auch das Ziel einer Industrialisierung der ländlichen Türkei wurde nicht in dem erstrebten Maße realisiert, da die Arbeitnehmergesellschaften hauptsächlich im Bau-, Konsum- und Zulieferersektor investiert haben, in Gebieten also, deren Industrialisierungsgrad nur gering ist. Hinzu kommt die Vielzahl kleinerer, nur für den regionalen Bedarf produzierender Betriebe, die nach einer gewissen Zeit keine Möglichkeiten für eine Erweiterung bzw. keine Absatzchancen mehr finden. Auf der anderen Seite haben die Arbeitnehmergesellschaften eine neue wirtschaftliche Diskussion in Gang gesetzt mit der Folge, daß auch Kleinsparer im Lande Volksaktiengesellschaften gegründet haben, um so neue Eigentumsverhältnisse zu schaffen. Dieses Ziel der Arbeitnehmergesellschaften, durch kollektives Eigentum die Mitbestimmung aufgrund von Kapitalbeteiligung zu realisieren, wurde trotz einiger Engpässe und verschiedentlich auftretender Zweckentfremdung zum Teil bereits erreicht. Insgesamt stellt diese Bewegung ein neues Selbsthilfemodell für die Türkei dar. Der Devisentransfer aus dem Ausland zum Zweck industrieller Investitionen in der Türkei wird seit 1966 von den Arbeitnehmergesellschaften mit Erfolg praktiziert.

Seit Einleitung der neuen Wirtschaftspolitik in der Türkei vom 24. Januar 1980, die hauptsächlich große Investitionen der türkischen Großholdings begünstigt, und der parallel hierzu betriebenen hohen Zinspolitik, die die Kreditzinsen auf bis zu 70 Prozent ansteigen ließ, ist die schwierige Lage der Arbeitnehmergesellschaften noch komplizierter geworden. Außerdem haben die türkischen Arbeitnehmer wegen der politischen und wirtschaftlichen Instabilität in der Türkei, besonders in den letzten Jahren, ihren Rückkehrwillen größtenteils aufgegeben, so daß die Bewegung der Arbeitnehmergesellschaften zu einem Stillstand gekommen ist. Seit 1980 ist festzustellen, daß die Türken ihre Ersparnisse hauptsächlich in der BRD anlegen. So konnten viele Arbeitnehmergesellschaften 1980 ihre geplanten Kapitalerhöhungen der Zurückhaltung der türkischen Aktionäre im Ausland wegen nicht im notwendigen Umfang verwirklichen. Die türkische Regierung bemüht sich, diese Bewegung wieder zu beleben; auf diese Weise hofft man, die Ersparnisse der Türken bei den deutschen Banken, die in der Türkei auf ca. 20 Milliarden DM geschätzt werden, wieder in die Türkei zu lenken. Aufgrund der bisherigen Erfahrungen und im Hinblick auf die neue Wirtschaftspolitik der Türkei läßt sich der Optimismus, den man gegenüber den Arbeitnehmergesellschaften während der 60er und 70er Jahre hatte, heute nicht mehr aufrechterhalten.

Nach einer Untersuchung von 1983 erfüllen nur 106 Gesellschaften die Normen von Arbeitnehmergesellschaften nach den Richtlinien des Staatlichen Planungsamtes. Lediglich bei 84 Gesellschaften liegen die Anteile der privaten und staatlichen Banken sowie der türkischen Großindustrie unter 10 Prozent, während der entsprechende Anteil bei den übrigen Gesellschaften erheblich höher ist. In vielen Städten haben die Aktiengesellschaften ihren Charakter als Arbeitnehmergesellschaft völlig verloren aufgrund der Tatsache, daß Banken und Großholdings bis zu 70 Prozent der Aktien in Händen halten. Etwa bei dreiviertel aller Arbeitnehmergesellschaften ist festzustellen, daß der Kapitalanteil der Arbeiteraktionäre, die diese Gesellschaften gegründet hatten, zunehmend geringer wird. Der türkische Finanzminister erklärte am 13. 4. 1983, daß viele Arbeitnehmergesellschaften dadurch zweckentfremdet worden seien, daß sie von regionalen Geschäftsleuten und Industriellen oder von Banken sehr billig übernommen worden seien. Die Gründeraktionäre, die türkischen Arbeitnehmer im Ausland, seien dadurch in ihrer Erwartung, Sicherung eines Arbeitsplatzes bei der Rückkehr und Schaffung einer zusätzlichen Einkommensquelle durch jährliche Dividende, enttäuscht worden. In Städten wie Samsun und Kirşehir befinden sich die Arbeitnehmergesellschaften inzwischen fast ohne Ausnahme in fremden Händen. Der frühere Finanzminister Adnan Başer Kafaoğlu äußerte ferner, daß 1982 für die Rettung der Arbeitnehmergesellschaften 7 Milliarden

TL zur Verfügung gestellt worden seien. Auch 1983 mußte mindestens die gleiche Summe bereitgestellt werden, um zu verhindern, daß eine noch größere Anzahl von Arbeitnehmergesellschaften durch Großholdings und Banken übernommen wurde. Wesentlich pessimistischer äußerte sich der damalige Industrie- und Technologieminister, Mehmet Turgut, im Anschluß an die Veröffentlichung der DESIYAB-Untersuchung. Er teilte die Arbeitnehmergesellschaften nach ihren Überlebenschancen in drei Gruppen: Die erste sei von Personen gegründet worden, die bis dahin nicht einmal Eier verkauft hätten und von Betriebswirtschaft und dem Geschäftsleben keine Ahnung hätten. Diese Arbeitnehmergesellschaften hätten oft eine falsche Standortwahl getroffen und ungeeignete Projekte gewählt. Sie seien nicht mehr zu retten. Die zweite Gruppe sei von Personen gegründet worden, die betrügerische Absichten verfolgt oder nur für den eigenen Nutzen gearbeitet hätten. Lediglich die dritte Gruppe von Arbeitnehmergesellschaften, bei deren Gründern es sich um engagierte Personen mit Know-How handle, könne noch gerettet werden. Die letzte Gruppe umfasse hauptsächlich solche Arbeitnehmergesellschaften, die noch nicht von der Großindustrie aufgekauft worden seien.

Über 70 Prozent der Arbeitnehmergesellschaften haben große Finanzprobleme. Hinzu kommen Gründungs-, Organisationsprobleme, Probleme der Feasibility-Studien, der Standort-, ja sogar der Projektwahl und andere mehr. Auch das Centrum für Internationale Migration und Entwicklung, CIM, das die Arbeitnehmergesellschaften seit Ende 1980 fördern sollte, konnte für deren Wiederbelebung wenig erreichen.

Heute existiert nur noch ein geringer Prozentsatz der Arbeitnehmergesellschaften. Anfang 1990 wurden rund 400 Arbeitnehmergesellschaften registriert, von denen nur 69 funktionsfähig sind. Die Mehrzahl ist entweder in Konkurs gegangen oder hat den Betrieb stillgelegt. Die für die Arbeitnehmergesellschaften zuständige Bank „DESIYAB“, die seit ihrer Fusion mit der Tourismusbank im Jahre 1988 unter dem neuen Namen „Türkiye Kalkinma Bankasi“ – Türkische Entwicklungsbank – arbeitet, versucht auch mit Hilfe der deutschen Regierung, im Rahmen eines Rehabilitierungsprogramms einige Arbeitnehmergesellschaften wirtschaftlich zu sanieren. Die Erfolge dieses Programms lassen sich gegenwärtig noch nicht beurteilen.

XX. Türkische Organisationen in der Bundesrepublik Deutschland

Bereits kurze Zeit nach Ankunft der ersten ausländischen Arbeiter in der Bundesrepublik Deutschland wurden nationale Selbstorganisationen gegründet. Das wichtigste Motiv war, neben der Hilfestellung bei sprachlichen Schwierigkeiten, die Vertretung der eigenen Interessen gegenüber den deutschen Institutionen. Darüber hinaus war ihr Ziel überwiegend die Ermöglichung der politischen Integration. In diesen Vereinen befanden sich im Vorstand hauptsächlich solche Personen, die seit längerer Zeit im Lande lebten und die Gepflogenheiten und die Sprache der Bundesrepublik beherrschten. Darüber hinaus wurden kulturelle Veranstaltungen organisiert, die den Ausländern die Pflege der eigenen Kultur in diesem Land ermöglichen sollten. Hilfestellung für Landsleute, Kulturveranstaltungen zur Pflege der heimischen Kultur und soziale Dienstleistungen bestimmten die Arbeit der ersten Ausländerorganisationen während der 60er Jahre. Türken, wie auch andere Ausländer, riefen in verschiedenen deutschen Städten Arbeitervereine ins Leben. In den Universitätsstädten waren Studenten derselben Nationalität die tragenden Mitglieder dieser Vereine, da sie aufgrund ihrer Kenntnisse der deutschen Sprache und ihrer Erfahrungen mit deutschen Institutionen den anderen Vereinsmitgliedern große Hilfe anbieten konnten. Durch die überwiegend politisierten Studenten befaßten sich diese Vereine daneben stark mit den politischen Entwicklungen in dem jeweiligen Herkunftsland. Schon bald konnten sie durch ihre Initiativen die deutsche Öffentlichkeit auf politische Mißstände im Heimatland aufmerksam machen. Dabei sind die Aktivitäten der griechischen Gemeinden während des Junta-Regimes von 1967 bis 1974 in Griechenland sowie die Aktivitäten verschiedener türkischer Vereine in den letzten Jahren besonders hervorzuheben.

Abb. 9: Türkische Jungen in einem Korankurs in der Bundesrepublik.

In den 70er Jahren hatten in Deutschland bereits alle größeren Ausländergruppen ihre Selbstorganisation, die im Laufe der Zeit immer stärker politische Zielsetzungen, in erster Linie bezogen auf ihre rechtliche und politische Stellung in diesem Land, zu entwikkeln begannen. Gleichzeitig befaßten sie sich jedoch immer intensiver mit den politischen Entwicklungen in ihren jeweiligen Heimatländern, insbesondere traf dies für die italienischen und türkischen Selbstorganisationen zu. Gerade die türkische Ausländergruppe verfügt heute über große Selbstorganisationen, die sich sehr eingehend sowohl mit den politischen Entwicklungen in der Türkei als auch mit der Möglichkeit einer Verbesserung des politischen Statuts der Ausländer in der Bundesrepublik Deutschland befassen. Die Föderation der Arbeitervereine aus der Türkei, FIDEF, und die Föderation der progressiven Volkseinheiten in der Bundesrepublik Deutschland, HDF, sind hier besonders zu erwähnen.

Die türkische Wohnbevölkerung verfügt unter den Ausländern über die größte Anzahl von Selbstorganisationen. Da diese Vereinigungen in ihren Zielsetzungen teilweise sehr stark voneinander abweichen, sollen die wichtigsten im folgenden näher erläutert werden:

Als politisch extrem rechts orientierte und der Integration gegenüber negativ eingestellte türkische Selbstorganisation sind die ,,Islamischen-Kultur-Zentren" und die ,,Islamische Union" zu nennen. Die ,,Islamischen-Kultur-Zentren" mit ihrem Hauptsitz in Köln verfügen über 210 Ortsvereine und ca. 18000 Mitglieder. Diese Organisation gehört der in der Türkei verbotenen Süleymanci-Bewegung an, deren Gründer in der Türkei in den 20er und 30er Jahren die Reformpolitik Atatürks bekämpfte. Diese Bewegung, die in Deutschland bundesweit die in der Türkei verbotenen Korankurse gegründet hat, propagiert eine integrationshemmende und deutschfeindliche Politik in den Korankursen. Die Bedeutung der „Islamischen Kulturzentren" geht seit 1983 teilweise zurück.

Die „Islamische Union" (AMGT) vertritt die Ziele der Nationalen Heilspartei. Diese pro-islamisch orientierte Organisation lehnt die westliche Orientierung der Türkei ab und strebt nach einer Reislamisierung. Hervorzuheben ist besonders ihre ablehnende Haltung gegenüber einer Integration der Türken in der Bundesrepublik, die sie mit dem Hinweis auf die Unterschiedlichkeit der islamischen und christlichen Religion begründet. Sowohl die Modernisierungstendenzen als auch die Integrationsansätze unter der hiesigen türkischen Wohnbevölkerung werden von ihr als Verrat am Islam bezeichnet. Über die Größe dieser Organisation gibt es nur Schätzwerte. Die Organisation gab ihre Mitgliederzahl 1987 mit 30000 an. Diesen Schätzwerten gegenüber ist jedoch Skepsis geboten. AMGT ist gegenwärtig die größte und wichtigste islamisch geprägte Organisation in der Bundesrepublik. Publizistisch arbeitet sie eng mit „Milli Gazete", einer in der Bundesrepublik erscheinenden türkischen Zeitung, zusammen. Die AMGT betreibt gezielte Eliten-Bildung, ihre Anhänger studieren an deutschen Universitäten.

Die Organisation „Föderation der türkisch-demokratischen Idealistenvereine in Europa" (ADÜTDF) wurde 1978 in Frankfurt/M. gegründet. Sie ist eine Unterorganisation der nach 1980 verbotenen „Nationalistischen Aktionspartei" (MHP). 1980 gehörten der Vereinigung 20000 Mitglieder an; sie ist der Dachverband für ca. 230 Vereine in Europa, davon 170 in der Bundesrepublik. Der in der Kurzform „Türk-Föderation" genannte Verband ist ideologisch nicht ausschließlich islamisch geprägt, sondern vertritt auch einen türkischen Nationalismus unter den Migranten. Er propagiert die Idee der Rückkehr in die Heimat und lehnt eine kulturelle Integration der Türken als Gefahr des Aufgehens der Türken in einer „minderwertigen Rasse" ab. Der Stellenwert der ADÜTDF ging ab 1980 im Zusammenhang mit dem Militärputsch und Veränderungen der politischen Landschaft in der Türkei zurück.

„Hür-Türk" repräsentiert innerhalb der rechten Selbstorganisationen die wichtige Gruppe, die mit Unterstützung der CDU und der Konrad-Adenauer-Stiftung gegründet wurde. Diese konservative Honoratiorengründung vertrat zunächst hauptsächlich die Interessen der nach 1980 verbotenen konservativen Gerechtigkeitspartei (AP). Sie steht derzeit der regierenden Mutterlandspartei (ANAP) nahe. Nach eigenen Angaben verfügt „Hür-Türk" über 54 Ortsvereine. Mit dieser Organisation, in deren Vorstand CDU-Politiker und auch türkische Geschäftsleute in der Bundesrepublik Deutschland sind, ist die rechte Mitte vertreten.

Die organisierte Linke in der Bundesrepublik hat eine große Spannweite. Sie reicht von extrem linken Organisationen bis zu Organisationen, die sich dem demokratischen Sozialismus verschrieben haben. Als Selbstorganisationen, die im Interesse der türkischen Wohnbevölkerung eine integrationsorientierte Politik betreiben, sind drei Dachverbände bedeutsam. Die größte und älteste Organisation ist die bereits erwähnte „Göçmen Dernekleri Federasyonu" (GDF). Diese „Föderation der Migrantenvereine in der Bundesrepublik Deutschland" wurde 1987 gegründet, nachdem sich die seit 1977 existierende FIDEF (Föderation der Arbeitervereine) mit einer kleineren Organisation, der DIBAF, die der in der Türkei verbotenen „Türkischen Arbeiterpartei" (TIP) nahe stand, zusammengeschlossen hatte. Sie hat gegenwärtig ca. 60 Ortsvereine mit 10000 bis 15000 Mitgliedern. Nach Auffassungen verschiedener deutscher Institutionen vertritt sie eine orthodox-marxistische Zielsetzung. Ihrem Anspruch folgend, setzt die GDF sich in erster Linie gegen den Rechtsradikalismus, besonders der eigenen Landsleute, ein. Ein Schwerpunkt ihrer politischen Aktionen sind sogenannte Aktionswochen gegen die Ausländerfeindlichkeit, die seit Anfang der 80er Jahre organisiert werden. Die Forderung nach einer liberalen Ausländerpolitik wird seit ihrer Gründung mit Nachdruck gestellt. Wie FIDEF betreibt die GDF eine kontinuierliche Öffentlichkeitsarbeit.

Die zweitgrößte Selbstorganisation im linken Spektrum ist die HDF. Diese an sozialdemokratischen Grundsätzen orientierte Organisation wurde 1977 in Berlin gegründet und hat zur Zeit bundesweit 28 Ortsvereine mit 7–10000 Mitgliedern. Deutlicher als die CHP in der Türkei, mit der sie bis 1980 korrespondierte, ist sie sozialdemokratisch ausgerichtet. Seit Anfang 1986 pflegt HDF enge Beziehungen mit der SHP in der Türkei. HDF arbeitet in der Bundesrepublik Deutschland eng mit der SPD und der Arbeiterwohlfahrt zusammen und ist die von deutschen Institutionen wohl anerkannteste türkische Selbstorganisation. Sie befaßt sich besonders seit 1980 intensiv mit der Ausländerpolitik in der Bundesrepublik Deutschland. Als Interessenvertreter der türkischen Wohnbevölkerung macht HDF durch verschiedene Fachtagungen und Seminare die deutsche Öffentlichkeit auf die Probleme der hier lebenden Türken aufmerksam. Seit 1982 hat HDF ihre Öffentlichkeitsarbeit und ihre Weiterbildungsangebote für Deutsche und Türken durch eine Zusammenarbeit mit der Friedrich-Ebert-Stiftung und die finanzielle Unterstützung der Krupp-Stiftung wesentlich vertieft. Mitgliedervereine der HDF befinden sich auch in anderen westlichen Staaten wie den Niederlanden, Österreich und Schweden. Die Organisation setzt sich nach dem Militärputsch von 1980 stark für die Wiedereinrichtung der Demokratie in der Türkei ein. Ihre Presseorgane waren eine Zeitschrift in türkischer Sprache sowie die deutschsprachige Zeitschrift „HDF-meint“, die bis Ende 1984 vierteljährlich herausgegeben wurde.

Als dritte linksorientierte türkische Organisation ist DIDF, die „Föderation der demokratischen Arbeitervereine“, anzuführen. Sie richtet ihre Aktivitäten hauptsächlich gegen die Ausländerfeindlichkeit. Die DIDF ist mittlerweile zur drittgrößten linksorientierten türkischen Organisation geworden.

Die drei letztgenannten Organisationen stehen einer Integration der Türken in der Bundesrepublik Deutschland positiv gegenüber und suchen den Dialog mit deutschen Institutionen.

XXI. Perspektiven für die Zukunft

Die Wirtschaftsrezession und die zunehmende Arbeitslosigkeit in der Bundesrepublik Deutschland, besonders Anfang der 80er Jahre, haben auch in der Ausländerpolitik ihre Spuren hinterlassen. Die öffentlichen Aussagen einiger Politiker, die Berichterstattung in bestimmten Medien und die Aktivitäten neofaschistischer Kreise sorgten für eine zunehmend ausländerablehnende, zum Teil ausländerfeindliche Haltung in gewissen Bevölkerungskreisen. Die größte Ausländergruppe im Land, die türkische Wohnbevölkerung, ist davon am stärksten betroffen. Auch wenn die deutschen Politiker und die Bundesregierung dies offiziell nicht anerkennen wollen, ist die Bundesrepublik Deutschland für die hier lebenden Türken doch ein Einwanderungsland geworden. Wie die Integration sowohl für die Türken als auch für die Bundesrepublik zufriedenstellend verwirklicht werden kann, war das Diskussionsthema der 80er Jahre und wird es auch in den 90er Jahren sein.

Die wirtschaftliche Entscheidung der Türken für langfristige Investitionen in Deutschland wird der Türkei, einem Land, das seit Jahren sein Außenhandelsdefizit mit den Überweisungen der türkischen Arbeiter aus Deutschland zu decken versucht, in den nächsten Jahren volkswirtschaftlich erhebliche Schwierigkeiten bereiten. Bisher konnten Überweisungen in Höhe von durchschnittlich zwei Milliarden Dollar pro Jahr von den türkischen Regierungen bei ihren Etatplanungen einkalkuliert werden. Falls sich die wirtschaftliche Integration der Türken in der Bundesrepublik innerhalb der nächsten Jahre in größerem Umfang vollzieht, wird sich das Fehlen der Überweisungen in der türkischen Wirtschaft nachhaltig bemerkbar machen. Für die deutsche Volkswirtschaft dagegen wird eine wirtschaftliche Integration der Türken langfristig nicht uninteressant sein. Mit ihren Ersparnissen und Investitionen können die Türken an Bedeutung gewinnen.

Aber nicht nur aus dieser, sondern auch aus menschlicher Sicht ist eine größere politische Partizipation der Türken in der Bundesrepublik Deutschland, mit dem kommunalen Wahlrecht als Selbstverständlichkeit, notwendig. In vielen Städten findet diese über die sogenannten Ausländerbeiräte bereits statt. Die dem Stadtrat der jeweiligen Stadt untergeordneten Beiräte haben beratende Funktion und werden meistens dem Sozialamt angegliedert. Allein in Nordrhein-Westfalen gibt es auf regionaler Ebene 115 derartige Ausländerbeiräte, auch Arbeits- und Koordinierungskreise genannt. Die Mitglieder der Beiräte werden überwiegend ernannt und sind meistens von deutschen und ausländischen Bürgern paritätisch gestellt. In einigen Städten wie Gelsenkirchen, Ulm und Aachen werden die ausländischen Mitglieder auch per Urwahl direkt gewählt. Doch ihre bisherige Arbeit war für die türkische Wohnbevölkerung nicht zufriedenstellend, da die Ausländerbeiräte nur beratenden Charakter haben und ihnen in vielen Fällen nicht einmal diese Funktion eingeräumt wurde. Zur Zeit gibt es im Ruhrgebiet zwar Anstrengungen zur Hebung des Stellenwertes der Beiräte und zur besseren Strukturierung; aber auch diese Bemühungen, wie z. B. in Essen, können langfristig nicht das Ziel einer wirklichen politischen Partizipation der Ausländer erreichen.

Überhaupt ist eine Integration „politisch unmündig gemachter Bürger" schwer zu vollziehen. Wenn das Integrationsangebot für die hier lebenden Türken und auch die anderen Ausländer von deutscher Seite her ernst gemeint ist, sollte die Bundesregierung einen Schritt weitergehen und den Ausländern die politische Integration über das kommunale Wahlrecht ermöglichen. Fast alle ausländischen Selbstorganisationen setzen sich für dieses Ziel ein. Sie arbeiten diesbezüglich mit vielen deutschen Institutionen zusammen. Sie versuchen, diese Forderung im Bewußtsein der Gesamtbevölkerung zu verankern. Die wichtigste Öffentlichkeitsarbeit wurde dabei von dem „Initiativkreis Gleichberechtigung Integration" (IGI) in Berlin geleistet. Der IGI wurde in Berlin von Arbeitsimmigranten aus der Türkei gegründet. Er besteht aus Arbeitern, Betriebsräten, Gewerkschaftlern, Lehrern, Journalisten und Wissenschaftlern. Diese Vereinigung verlangt einen neuen Rechtsstatus für die ausländische Wohnbevölkerung, den sie als Niederlassungsrecht bezeichnet. Ausländer mit Niederlassungsrecht erwerben uneingeschränktes Arbeits- und Aufenthaltsrecht, das Recht auf politische Beteiligung, in erster Linie bei den Kommunalwahlen, und das Recht auf freie Gewerbeausübung. Diese Forderungen wurden von zahlreichen ausländischen Organisationen in Berlin und der Bundesrepublik Deutschland unterstützt.

Daß der Wunsch nach Gewährung des kommunalen Wahlrechts unter der ausländischen Bevölkerung tatsächlich besteht, konnte bezüglich der Türken kurz vor den Bundestagswahlen 1983 von der türkischen Tageszeitung ,,Hürriyet" ermittelt werden. Die Umfrage, die zwei Wochen vor den Wahlen durchgeführt wurde, fand unter den Türken in der Bundesrepublik großes Interesse. 14511 beteiligten sich an der Aktion. Von den befragten Türken würden im Falle der Gewährung des kommunalen Wahlrechts 63,2 Prozent der SPD, 27,7 Prozent der CDU, 3,9 Prozent den Grünen, 3,3 Prozent der FDP und 1,9 Prozent anderen ihre Stimme geben. Eine andere Umfrage unter türkischen Jugendlichen im Februar/März 1983 in Duisburg hatte zum Ergebnis, daß 66 Prozent die SPD, 12 Prozent die CDU/CSU, 4 Prozent die FDP und 16 Prozent die Grünen/Alternativen wählen würden. Auffallend sind das schlechte Abschneiden der CDU/CSU und die starke Zuwendung zu den Grünen bei den Jugendlichen. Wenn man bedenkt, daß die Grünen als einzige Partei das kommunale Wahlrecht für Ausländer in ihrem politischen Programm verankert haben, so erklärt sich die Sympathie der türkischen Jugendlichen für die Grünen.

Da die Bundesrepublik Deutschland für die Vielzahl der Türken ein Einwanderungsland geworden ist, werden die Selbstorganisationen mit deutschen Institutionen immer enger zusammenarbeiten müssen, um ihre Forderungen durchsetzen zu können. Andererseits sollten deutsche Parteien und politische Institutionen deren politische Forderungen ernst nehmen, denn durch sie werden in realistischer Weise die Bedürfnisse und politischen Anliegen der türkischen Wohnbevölkerung widergespiegelt.

XXII. Tips für Urlauber

„Türkei – mehr als Sonne und Meer" – mit diesem Slogan wirbt das türkische Fremdenverkehrsamt für eine Vielfalt von Urlaubsmöglichkeiten in seinem Land. Am bekanntesten, und vorwiegend von deutschen Touristen besucht, ist das Gebiet an der Ägäis und die südwestliche Küste mit den bekannten Badeorten Bodrum, Kuşadasi, unmittelbar davor liegt Samos, und Çeşme. Dieser Teil der Küste bietet seinen Besuchern nicht nur Badestrände und Hotels mit internationalem Flair, sondern Ausflugsmöglichkeiten zu antiken Stätten wie Bergama-Pergamon, Efes-Ephesus, Afrodisias, das seit einigen Jahren neu ausgegraben wird, und Pamukkale-Hierapolis.

Das alte Hierapolis lag unweit von drei warmen, sehr kalkhaltigen Quellen. Durch das Verdampfen des stets 35°C warmen Wassers, das in kleinen Teichen gesammelt wird, bleibt der Kalksinter auf den Hängen und bildet das ganze Jahr über eine schneeweiße oder, wie die Türken sagen, „baumwoll-weiße" Landschaft. Daher stammt der Name Pamukkale, d.h. Baumwoll-Burg. Efes zählt zu den besterhaltenen, bzw. -wiederaufgebauten antiken Städten der Welt. Die Struktur der früheren Hafenstadt, in der Paulus gelebt und gelehrt hat und in deren näherer Umgebung das Grab der Maria, Meryam, die von Christen und Moslems gemeinsam verehrt wird, liegt, ist deutlich zu erkennen. Ganze Straßenzüge und Zentren wie das Amphitheater oder die alte Bibliothek, die später von einem Privatmann als Wohnhaus gekauft und genutzt wurde, sind in alter bzw. neuer Schönheit erstanden. Das Gebiet ist leicht über den Flughafen Izmir, zu dem es auch Direktflüge von Deutschland gibt, zu erreichen.

Mehrere Touristik-Unternehmen in Deutschland bieten eine Türkeireise an, kombiniert mit einem Badeurlaub in der Hafenstadt Antalya im Süden des Landes. Unterkünfte von 13,– DM pro

Übernachtung (allerdings nur, wenn man auf eigene Faust reist) bis zu ca. 150,– DM pro Doppelzimmer im internationalen Talya-Hotel stehen zur Verfügung. Die Badesaison geht von April bis Oktober; aber auch im Winter, der nicht viel kälter als 15 °C wird, ist eine Reise in dieses Gebiet reizvoll. Denn es handelt sich um die Küste des antiken Kleinasiens; in der Nähe von Antalya und Alanya liegen Plätze wie Aspendos aus dem 10. Jh. v. Chr., Termessos, Perge mit dem besterhaltenen Amphitheater der Antike und Myra mit der Bischofskirche des Hl. Nikolaus.

Vielleicht noch reizvoller als ein Urlaub an der ,,türkischen Riviera" ist ein Urlaub am Schwarzen Meer, obgleich hier die Sommer regenreicher sind. Die wenigen Strände an der Ostküste des Schwarzen Meers in der Türkei haben feinsten Sand, die Landschaft wirkt mit ihren europäisch anmutenden Mischwäldern lieblicher als anderswo. Eine Reise von Sinop, der Geburtsstadt des Philosophen Diogenes, die hethitischen Dokumenten zufolge im 12. Jh. v. Chr. von den Amazonen gegründet worden sein soll, über Giresun, eine Stadt aus dem 7. Jh., nach Trabzon und Rize ist immer empfehlenswert. Trabzon, heute ein großer Hafen der Türkei, war eine Zeit lang Hauptstadt des griechisch-pontischen Kaisertums. Die Landschaft um Rize war bereits 3000 Jahre vor unserer Zeitrechnung bewohnt, was aus archäologischen Funden hervorgeht. Hier gibt es die einzigen Teeplantagen der Türkei.

Bei einem längeren Aufenthalt in Istanbul sollte man gleichzeitig noch die Marmara-Region besuchen – mit Bursa, als Brussa die erste Hauptstadt des Osmanischen Reiches und Sitz der ältesten und angesehensten Universität des Landes, Çanakkale, der Keramikstadt, und Troya, von dessen Anblick man jedoch nicht zuviel erhoffen sollte.

Istanbul bietet sowohl dem Kunstinteressierten und -kenner als auch dem Architekten oder historisch Interessierten oder einfach dem ,,Städtefan" so viel, daß hier gar nicht darauf eingegangen werden kann. Nur dies: selbst nach Istanbul, der Millionen-Weltstadt, ist eine kombinierte Bade-Städtetour möglich. In Kilyos am Schwarzen Meer, in Tarabya am Bosporus wie in Büyükçekmece am Marmarameer gibt es herrliche Bademöglichkeiten und gute

Abb. 10: Pamukkale („Baumwollschloß“) wird dieses Naturwunder bei Denizli genannt. Heiße Quellen, die Kalziumkarbonat enthalten, haben im Laufe von Jahrtausenden diese weißen Terrassengebilde geformt. Auf dem Plateau befinden sich auch die Ruinen von Hierapolis, das bereits von den Römern als Thermalbad gegründet wurde.

Unterkünfte. Das ganze Jahr über werden preiswerte Wochenendreisen mit Unterkunft und Programm von hiesigen Reiseagenturen angeboten. „Unprogrammiert“ hinzureisen kann entschieden mehr Spaß machen. Allerdings ist es ratsam, die Reise mit einigen Vorinformationen über Istanbul, die Türkei und die Türken, deren Mentalität und Lebensgewohnheiten anzutreten. Deutsche Touristen werden mit unvorstellbarer Herzlichkeit und Gastfreundschaft, wie andere auch, empfangen. Berichte über das Leben der Türken in der Bundesrepublik tragen aber nicht unbedingt zur Verstärkung der bisherigen Deutschfreundlichkeit bei.

Abb. 11: Der Kapalı Çarşı, der ,,Große Basar" von Istanbul, ein in der Altstadt gelegenes Labyrinth von überdachten Ladenstraßen mit mehreren tausend Geschäften.

Der wahre Türkei-Interessierte sollte unbedingt nach Inneranatolien reisen. Wenn man Ankara, das altertümliche Angora, per Flug erreicht hat, sollte man eine Rundfahrt über Kirşehir, Kayseri, Niğde und Konya machen mit einem Abstecher nach Yozgat (Boğazkale/Hattuşaş); dann ist man vielleicht ein wenig vertrauter mit der ,,echten" Türkei geworden. Boğazkale, das antike Hattusa, liegt eingebettet in eine grandiose Bergwelt nordwestlich von Yozgat, der Provinzstadt. Hattuşaş, Höhepunkt der Reise eines Geschichtsinteressierten, ist eine schon prähistorische Siedlung, die mehr als alle anderen antiken Stätten die grandiose Macht des Hethiterreiches erkennen läßt. Es braucht keinen Vergleich mit

Abb. 12: Innenansicht des Topkapı-Palast-Museums in Istanbul, ein ehemaliger Herrscherpalast, der zwischen dem 15. und 19. Jahrhundert Sitz der osmanischen Sultane war.

anderen antiken Hauptstädten oder der Akropolis von Mykene zu scheuen. Zwischen Kirşehir, dessen Geschichte mit der Hethiterzeit beginnt, und Kayseri, das unter römischer Herrschaft zu seinem Namen „Caesareia" kam, liegt die berühmte und bekannte kappadokische Landschaft mit den Tuffsteinfelsen von Göreme und Ürgüp, in denen nach wie vor Menschen ihre Wohnstätte haben. Niğde liegt am Fuß des 3000 m hohen Aladağs. Die Funde in der Umgebung der Stadt beweisen, daß sie zuerst hethitisch war. Obwohl sie immer wieder von den Arabern angegriffen wurde, blieb sie bis zur Eroberung durch die Rum-Seldschuken byzantinisch. Konya im Südwesten Anatoliens entstand aus Iconeum. Die Stadt war schon in der Antike ein Zentrum religiöser Bewegungen und Begegnungen. Der dort gegründete Derwisch-Orden bzw. seine tanzenden Mönche sind heute zu einer Touristenattraktion geworden.

Abb. 13: Das Sphinxtor von Alacahöyük aus dem 14. Jahrhundert v. Chr., 36 km von der hethitischen Hauptstadt Hattusa, heute Boğazkale, entfernt. Vor den Hethitern war die Stätte Zentrum einer blühenden hattischen Bronzezeitkultur. Alle heute noch bestehenden Überreste wie das Sphinxtor stammen aus hethitischer Zeit.

Abb. 14: Fethiye, das antike Termessos, an der türkischen Riviera.

Ost- und Südostanatolien sind schon allein aufgrund ihrer geographischen Beschaffenheit und ihres Klimas am besten zur Sommerzeit zu bereisen. Es werden von Europa aus organisierte Reisen dorthin angeboten. Manche Gebiete, besonders grenznahe, sind militärische Sperrzonen und können nur nach behördlicher Genehmigung, die vor Ort gegeben wird, besucht werden.

Wenig bekannt in Europa ist die Türkei als Land für Ski-Fahrer und Bergsteiger. Nicht nur bei Bursa-Uludağ oder bei Bolu-Köroğlu befinden sich Ski-Zentren mit guten Übernachtungsmöglichkeiten. Auch andere Schneegebiete haben hervorragende Abfahrten. Die Saison in Kayseri z. B. geht von November bis Mai. Die hohen Gipfel Anatoliens sollten auch erfahrene Bergsteiger nur in Begleitung von türkischen Kollegen erklimmen, die dazu gern bereit sind.

Zahlreiche Häfen und Buchten laden den Segler ein. Yachten können mit oder ohne Mannschaft gemietet werden, ebenso in Touristenorten Surfbretter. Als Hobby ist in zugelassenen Gebieten die Sportfischerei erlaubt, aber ausschließlich mit Sportgeräten. Außerdem gibt es neun Thermalbäder, in schönsten Landschaften gelegen.

Aufgrund der hohen Inflationsrate der türkischen Lira ist hinsichtlich der Preise zu sagen, daß der günstige Wechselkurs es deutschen Urlaubern erlaubt, nach wie vor einen äußerst preiswerten Urlaub in der Türkei zu erleben.

Praktische und wirklich brauchbare Tips sind in den Broschüren des Türkischen Fremdenverkehrsamtes in Frankfurt/M. bzw. in München zu finden, die auf Anfrage kostenlos zugeschickt werden.

Sonnenreisen und Delta-Reisen in Düsseldorf, Aquarius und Sky-Tours in Frankfurt, ATT-Turban in Stuttgart, Medi-Tour in Berlin und Nazar-Reisen in Düsseldorf sind einige wichtige Reiseveranstalter, die schwerpunktmäßig die Türkei anbieten und als Türkei-Spezialisten gelten.

XXIII. Tourismus und Ökologie

Obgleich ein Land mit vielfältiger Natur, mit verschiedenen Meeresküsten, echtem „Ferienklima“ bis hin zu herausfordernden, grandiosen und vor allem unberührten Landschaften, war die Türkei bis in die 80er Jahre hinein kein von Touristen überflutetes Land.

Mitte der 80er Jahre wurde sie jedoch von Europäern als Ferienparadies entdeckt und gehört mittlerweile zu den von Deutschen meistbesuchten Urlaubsländern.

So kamen 1980 nur 1,3 Mio. Touristen in die Türkei, während es 1989 4,5 Millionen waren. Die Einnahmen der Türkei aus dem Tourismus stiegen sogar noch stärker, nämlich von 0,3 Mrd. $ 1980 auf 2,6 Mrd. $ 1989. Die so verdienten Devisen konnten gemeinsam mit den Überweisungen der Arbeiter im Ausland zur Finanzierung des Außenhandelsdefizits benutzt werden.

Doch der sprunghaft angewachsene Tourismus brachte der Türkei nicht nur Devisen, sondern auch zahlreiche Probleme. So warnen türkische und deutsche Umweltgruppen seit Jahren vor einer Zubetonierung der türkischen Küste. Der fast wild wuchernde Hotel- und Pensionsbau ist nur schwer unter Kontrolle zu bringen; Abwasser- und Müllentsorgung sind weitere Probleme.

Besonderes Aufsehen erregte ein Hotelbau in der Bucht von Dalyan. Das Hotel, dessen Bau mit Beteiligung aus bundesdeutschen Mitteln finanziert werden sollte, hätte auf dem einzigen Nistplatz einer seltenen Schildkrötenart gestanden und so deren Bestand bedroht. Zum Schutz der Caretta Caretta Schildkröte führten türkische Umweltschützer 1987 sogar einen Hungerstreik auf dem Strand durch, der zunächst zu einem Investitionsstopp führte. Ein Jahr später wurde nach zahlreichen türkischen und internationalen Protesten das gesamte Bauvorhaben eingestellt.

Die Dalyanbucht sowie die Gebiete Gökova in der Nähe von Marmaris, wo ein Wärmekraftwerk gebaut werden sollte, und

Göcek bei Fetiye wurden 1988 zu Naturschutzgebieten erklärt. 1990 wurden auch die Gebiete Patara, Kekova und Göksu am Mittelmeer unter Naturschutz gestellt. Die Frage, ob dadurch langfristig der Bau von Tourismusanlagen verhindert werden kann, scheint jedoch noch nicht endgültig mit ja zu beantworten zu sein. Im Tauziehen zwischen Investoren im Tourismusbereich und Umweltschützern steht der Sieger noch nicht fest.

Es ist jedoch zu beobachten, daß sich seit 1985 erstmalig in der Türkei Umweltgruppen zusammengeschlossen haben, um gegen umweltschädliche Bauvorhaben zu protestieren und sich für den Artenschutz und die Reinhaltung von Luft und Wasser einzusetzen. Sie bilden eine neue außerparlamentarische Bewegung, die allerdings noch sehr klein ist und sich hauptsächlich aus städtischen Intellektuellen rekrutiert. Seit 1988 gibt es eine grüne Partei, die versucht, Einfluß vor allem auf die Kommunalpolitik zu nehmen. In den Zeitungen finden sich zunehmend Artikel, die auf Umweltprobleme aufmerksam machen und ein Umweltbewußtsein in der Bevölkerung fördern.

Zeittafel

1071 Seldschukische Türken besiegen bei Mantzikert die Byzantiner
1299 Der türkische Stamm des Hauptmanns Ertoğrul benennt sich nach dessen Sohn OSMAN. Beginn des Osmanischen Reiches
1326 Die osmanischen Türken machen die bisher byzantinische Stadt Brussa-Bursa zur Hauptstadt ihres neugegründeten kleinen Fürstentums
1356 Die Osmanen greifen unter Orhan das erste Mal bei Gelibolu (Gallipoli) nach Europa über
1389 Sieg der Osmanen über die Serben auf dem Amselfeld
1402 Die Mongolen besiegten in der Schlacht von Angora-Ankara unter Timur die Osmanen
1453 Sultan Mehmet II., Fatih, der Eroberer, nimmt nach monatelanger Belagerung endgültig die Hauptstadt der Byzantiner ein. Konstantinopel wird Istanbul
1460–1526 Besetzung griechischer Gebiete, von Schwarzmeer-Gebieten, der Krim, persischer und arabischer Gebiete sowie von Gebieten auf dem Balkan
1529 Erste türkische Belagerung Wiens
1571 Niederlage der Osmanen gegen die Venezianer bei Lepanto, Verlust der Seeherrschaft im Mittelmeer
1638 Die zweite Belagerung Wiens muß u. a. durch das Eingreifen des Polenkönigs Sobieski erfolglos abgebrochen werden
1711 Türkischer Sieg am Pruth über die Russen; Asow wird wiedergewonnen
1774 Rußland erhält im Frieden von Küçük Kainarci Zugang zum Schwarzen Meer und freie Handelsschiffahrt auf türkischen Gewässern
1806–12 Türkisch-russischer Krieg
1826 Auflösung des Janitscharen-Korps
1839 Unter Mahmut II. beginnen die Tanzimat-Reformen
1875–77 Aufstände auf dem Balkan
1876 Erste Verfassung der Türkei
1879 Friedensvertrag mit Rußland auf der Grundlage der Ergebnisse des Berliner Kongresses
1913 Verlust aller europäischen Gebiete bis hin zu Edirne (Adrianopel) im Balkankrieg
1914–18 Teilnahme am Ersten Weltkrieg auf der Seite der Mittelmächte
1920 Vertrag von Sèvres
1920–22 Griechischer Befreiungskrieg, Niederlage und Rückzug der Griechen aus Anatolien

1923 Die Republik mit Mustafa Kemal, später Atatürk genannt, als Präsident wird gegründet
1924 Am 24. Juli wird der Vertrag von Lausanne unterzeichnet
1924 Am 3. März wird das Kalifat aufgehoben; der Islam hat kein weltliches Oberhaupt mehr
1925 Seit dem 26. Dezember sind in der Türkei die europäische Uhrzeit und der europäische Kalender gültig
1928 Am 1. November wird das Gesetz über die ausschließliche Benutzung der lateinischen Schrift erlassen
1930 Am 3. April wird das Gesetz über das aktive und passive Wahlrecht für Frauen bekannt gegeben
1934 Am 9. Januar wird der erste Fünfjahres-Industrieplan bekannt gegeben. Am 21. Juni verabschiedet das Parlament das Gesetz über die Pflicht, einen Familiennamen zu tragen
1935 Am 27. Mai wird das Wochenende vom Freitag auf den Sonntag verlegt
1938 Tod Kemal Atatürks am 10. November
1939 Das Parlament der unabhängigen Provinz Hatay beschließt am 29. Juni, sich der Republik Türkei anzuschließen
1944 Am 23. Februar erklärt die Türkei Deutschland und Japan mit Wirkung vom 28. Februar Mitternacht den Krieg, um Mitglied der Vereinten Nationen werden zu können
1946 Am 7. Januar wird die Demokratische Partei der Türkei gegründet
1950 Die „Demokrat Parti" geht aus den Allgemeinen Wahlen am 14. Mai als regierende Partei hervor
1952 Die Türkei wird am 18. Februar Vollmitglied der NATO
1959 19. Februar: Die Türkei, England und Griechenland einigen sich über die Bildung einer Republik Zypern
1960 Das türkische Militär putscht am 27. Mai gegen die Politik der DP
1961 Eine neue Verfassung wird vorgeschlagen und am 9. Juli per Urabstimmung vom Volk angenommen
1963 Am 12. September wird das Assoziationsabkommen zwischen der Türkei und der Europäischen Wirtschaftsgemeinschaft geschlossen
1971 Nach dem zweiten Militärputsch vom 12. März muß die Regierung Demirel abdanken
1973 Die ersten allgemeinen freien Wahlen nach dem Militärputsch finden am 14. Oktober statt
1974 Am 20. Juli: Zypernintervention der Türkei
1980 Am 12. September putscht das türkische Militär zum dritten Mal
1982 Am 7. November wurde die neue Verfassung in einer Volksabstimmung angenommen. Gleichzeitig wurde Kenan Evren, Vorsitzender des Nationalen Sicherheitsrates, Staatspräsident
1983 Das Militär erlaubt am 6. November die ersten allgemeinen Wahlen

nach dem Putsch, aus denen Özals Partei ANAP als Siegerin hervorgeht

1984 Am 25. März finden in der Türkei Kommunalwahlen statt, an denen alle Parteien, die sich auch schon bei den allgemeinen Wahlen um Teilnahme beworben hatten, wie z. B. SODEP, teilnehmen dürfen

1987 Am 14. April stellt die Türkei einen Antrag auf EG-Vollmitgliedschaft

Am 6. September entscheiden sich die türkischen Wähler in einer Volksabstimmung für die Aufhebung des 1982 verhängten zehnjährigen Betätigungsverbots für Politiker, die im politischen Leben vor dem Militärputsch eine aktive Rolle spielten

Am 29. November 1987 finden Parlamentswahlen statt. Die Mutterlandspartei (ANAP) erhält mit 35,4 Prozent der Wählerstimmen fast eine Zweidrittelmehrheit im Parlament

1989 Aus den Kommunalwahlen am 26. März 1989 geht die ANAP als Verliererin, Inönüs Partei SHP als Siegerin hervor

Im November wird der bisherige Ministerpräsident Turgut Özal zum Nachfolger des Staatspräsidenten Kenan Evren gewählt

1990 Im Februar entscheidet der EG-Ministerrat über den Vollmitgliedschaftsantrag der Türkei so, daß mit den Beitrittsverhandlungen vor 1993 nicht begonnen werden kann

Am 7. August beschließt das türkische Kabinett, der Forderung des UNO-Sicherheitsrates nach einem Wirtschaftsembargo gegen den Irak zu folgen. Danach schließt die Türkei die zwei turko-iranischen Öl-Pipelines, die rund die Hälfte der gesamten Ölexporte der Ölfelder von Kirkuk befördern

Literaturhinweise

Die nachfolgende Zusammenstellung erfaßt nur Bücher. Verschiedene Aufsätze, die hauptsächlich in Fachzeitschriften erschienen, sind nicht aufgeführt.

Abadan-Unat, Nermin (Hrsg.): Die Frau in der türkischen Gesellschaft, Frankfurt 1985.

Akcayli, Nurhai; Şen, Faruk (Hrsg.): Berufliche Integration der 2. Türkengeneration in der Bundesrepublik Deutschland und in der Türkei, Frankfurt 1988.

Bianka, Ralle: Modernisierung und Migration am Beispiel der Türkei, Saarbrücken 1981.

Birkenfeld, Helmut (Hrsg.): Gastarbeiterkinder aus der Türkei, München 1982.

Boos-Nünning, Ursula (Hrsg.): Die türkische Migration in den deutschsprachigen Büchern 1961–1984 – Eine annotierte Bibliographie, Hrsg. Zentrum für Türkeistudien, Opladen 1990

Bozdemir, Mevlüt: Armee und Politik in der Türkei, Frankfurt 1988.

Bredemeier, Willi; Hofmann, Roland; Şen, Faruk (Hrsg.): Zwischen Integration und Rückwanderung – Türkische Wohnbevölkerung in der Bundesrepublik Deutschland, Türkei Verlag, Köln 1983.

Geiersbach, Paul: Bruder, muß zusammen Zwiebel und Wasser essen! – Eine türkische Familie in Deutschland, Dietz-Verlag, Bonn 1982.

Grothusen, Klaus-Detlev: Türkei-Osteuropa-Handbuch Band IV, Göttingen 1985.

Gumpel, Werner (Hrsg.): Die Türkei auf dem Wege in die E.G. – Möglichkeiten und Probleme einer Vollmitgliedschaft, München 1984.

Habbe, Christian (Hrsg.): Ausländer, die verfemten Gäste, Spiegel-Buch, Reinbek 1982.

Heinrich, Brigitte; Roth, Jürgen: Partner Türkei oder Folter für die Freiheit des Westens, Reinbek 1973.

Hütteroth, Wolf-Dieter: Türkei, Darmstadt 1982.

Keskin, Hakki: Die Türkei – Vom Osmanischen Reich bis zum Nationalstaat, West-Berlin 1978.

Köker, Fahir: Herausbildung der strukturellen Heterogenität in einer unterentwickelten Gesellschaftsformation am Beispiel der Türkei, Frankfurt/M. 1980.

Kramer, Heinz: Die Türkei: Gefährdeter Partner der westlichen Allianz, Ebenhausen 1981.

Kündig-Steiner, Werner (Hrsg.): Die Türkei, Tübingen 1974.

Matuz, Josef: Das Osmanische Reich: Grundlinien seiner Geschichte, Darmstadt 1985.

Meier-Braun, Karl-Heinz; Pazarkaya, Yüksel (Hrsg.): Die Türken, Frankfurt/Berlin/Wien 1983.

Ölcen Ali Nejat: Türken und Rückkehr, Frankfurt 1986.

Özcan, Ertekin: Türkische Immigrantenorganisationen in der BRD: Die Entwicklung politischer Organisationen und politischer Orientierung unter türkischen Arbeitsmigranten in der BRD, Berlin 1989.

Pazarkaya, Yüksel: Rosen im Frost – Einblick in die türkische Kultur, Zürich 1982.

–: Spuren des Brots, Zürich 1984.

Pöschl, Rainer: Vom Neutralismus zur Blockfreiheit – Hintergründe der Wende in der türkischen Außenpolitik nach Kemal Atatürk, München 1985.

Roth, Jürgen; Taylan, Kâmil: Die Türkei – Republik unter Wölfen, Bornheim-Merten 1981.

Rüstow, Dankwart A.: Die Türkei – Brücke zwischen Orient und Okzident, Göttingen 1990.

Schlegel, Dietrich; Sonnenhol, G. A. (Hrsg.): Die Türkei – Land zwischen zwei Welten – Kommentare eines kritischen Freundes, Opladen 1990.

Şen, Faruk: Gemeinwirtschaft in der Türkei, Köln 1979.

–: Gemeinwirtschaftliche Elemente im Programm der Republikanischen Volkspartei – Türkei, Bonn 1976.

–: Volkssektor – Eine neue Wirtschaftsform für die Türkei, Bonn 1979.

–: Türkische Arbeitnehmergesellschaften, erw. 2. Auflage, Frankfurt 1983.

Şen, Faruk; Jahn, Gerhard (Hrsg.): Wahlrecht für Ausländer – Stand und Entwicklung in Europa, Frankfurt 1985.

Şen, Faruk; Rehwinkel, Dieter (Hrsg.): Türkei und Europäische Integration, Köln 1990.

Steinbach, Udo: Kranker Wächter am Bosporus, Freiburg 1979.

Steinhaus, Kurt: Soziologie der türkischen Revolution, Frankfurt 1969.

Thomae-Venske, Hanns: Islam und Integration, Hamburg 1981.

Wedekind, Rudolf: Die türkische Verfassung 1982, Hannover 1984.

Wedel, Heidi: Der türkische Weg zwischen Laizismus und Islam. Zur Entwicklung des Laizismusverständnisses in der türkischen Republik, Leverkusen 1991.

Werle, Rainer: Modell Türkei – Ein Land wird kaputtsaniert, Hamburg 1983.

Wildermann, Hanns: Umgang mit Türken, Schwäbisch Hall 1973.

Zentrum für Türkeistudien (Hrsg.): Türkei-Sozialkunde, Wirtschaft, Beruf, Bildung, Religion, Familie und Erziehung, Leverkusen 1990.

–: Die türkische Presse in der Bundesrepublik Deutschland und ihr Einfluß auf die Integration von Türken – Standpunkte und Analyse, Bonn 1988.

–: Die Türkei und die Europäische Gemeinschaft – Eine evtl. Vollmitgliedschaft der Türkei und ihre Alternativen, Bonn 1989.

–: Türkische Unternehmensgründungen – Von der Nische zum Markt?, Bonn 1989.

Verwendete Statistiken

(1) DIE (State Institute of Statistics, Prime Ministry, Republic of Turkey): Statistical Yearbook of Turkey 1989. Monthly Bulletin of Statistics 1990, VII–VIII, Ankara 1990.

(2) DPT (Staatliches Planungsamt): Altıncı Beş Yıllık Kalkınma Planı (1990–1994); 1990 Yılı Programı, Ankara 1989.

(3) ILO: Yearbook of Labour Statistics, Genf 1988.

Şen, Faruk: Probleme und Eingliederungsengpässe der türkischen Migranten in der Bundesrepublik Deutschland, Hrsg. ILO, Genf 1990.

(4) TOBB: Iktisadi Rapor 1989, Ankara 1989.

TÜSES: Kamuoyu Araştırmalarına Göre Türkiye Gelir Dağılımı 1988, Istanbul 1989.

(5) TÜSIAD (Turkish Industrialists and Businessmen's Association): 1990 Yılına Girerken Türk Ekonomisi, Istanbul 1990.

(6) OECD: – Labour Force Statistics 1976–1987, Paris 1989 – Historical Statistics 1960–1987, Paris 1989.

(7) UNESCO: Statistical Yearbook of UNESCO 1988, Paris 1988.

Bildquellenverzeichnis

Abb. 8. und 9: Ingrid Weidig-Bödeker.
Abb. 13: Kurt Bittel, Die Hethiter, München, C. H. Beck 1976, S. 188.

Alle übrigen Bilder wurden mit freundlicher Genehmigung des Türkischen Ministeriums für Kultur und Tourismus wiedergegeben.